早稲田社会学ブックレット

［現代社会学のトピックス　4］

タルド社会学への招待

――模倣・犯罪・メディア

池田　祥英

学　文　社

はじめに

フランスの社会学者ガブリエル・タルド（Gabriel Tarde, 1843-1904）の思想は彼のもとに留学した米田庄太郎らによってわが国の社会学に導入され、大正時代には『模倣の法則』や『社会法則』、昭和に入ってからは『世論と群集』というように少しずつ翻訳が進められた。また、近年ではジル・ドゥルーズによってたびたび言及されるなどして、タルドの名前は次第に知られるようになってきた。それにもかかわらず、タルドに対する一般的な知識はまだ断片的なものにとどまっているように思われる。公衆という概念の提唱者としてのタルド、心理学的な社会学を唱えてデュルケムと論争を繰り広げたタルド、そしてドゥルーズによって再評価されるタルド……こうした断片的なイメージが積み重ねられるばかりで、それらを有機的に結びつける全体像が見えにくくなっているのではないだろうか。

そこで本書は、社会学の観点から、こうした断片的なイメージを組み合わせて社会学者としてのタルド像を描き出すことを目的としている。まずタルドが中心概念として据えた「模倣」という概念とタルド自身の伝記的な情報について検討し（第一章）、ついで社会学理論としての模倣論（第二章）や、社会学の枠組みからは外れるものの彼の思想において重要な位置を占めているネオ・モナドロジーや心間心理学の理論（第三章）のような理論的側面を検討する。さらにこれらの理論の応用分野として、犯罪論（第四章）、メディア論（第五章）について検討する。最後にタルド社会学の学説史的考察として、デュルケムとの論争（第六章）、タルド社会学の受容（第七章）についてそれぞれ検討することになる。各章は基礎理論から応用研究、それらの学説史的位置づけの検討という流れで配置しているが、内容的には独立しているので、好きなところから読んでいただいてもかまわない。

もちろん、タルドの社会学はこれで語りつくせるものではなく、理論面においても応用面においても取りあげることのできなかった議論のほうが多い。たとえば、三大主著のうち、『模倣の法則』（一八九〇年）以外の二つ、つまり『社会論理学』（一八九五年）や『普遍的対立』（一八九七年）についてはほとんどふれることができなかったし、法律論や権力論、経済心理といった応用研究にもふれることができなかった。こうした論点の一部は、巻末に紹介した参考文献において検討されているので、興味のある方は参照していただければと思う。

二〇〇八年一二月

著者

目次

第一章

問題の所在——模倣とタルド

一 「模倣」とは何か？

「模倣」という言葉を聞くと、どのような印象をもたれるだろうか。おそらくはあまりよいイメージではないだろう。だれかの真似をするということは、オリジナリティが欠如しているということであり、ときには「パクリ」「剽窃」というように、知的財産権の侵害とみなされることもある。また、「模倣」は英語でいえば「イミテーション」(imitation) であり、こちらもわれわれにとっては「本物ではない」「偽物」といったイメージでとらえられる。

「模倣」という言葉をもう少し意義のある概念としてとらえるためには、こうした一般的なイメージよりもやや広い概念としてとらえなおす必要がある。人間はすべてのことを自分の力だけで思いついたり、つくり出したりしているわけではないので、どこかで他者が考え出したものを取り入れなければならず、むしろそういうことのほうが多いはずである。子どもは生まれてすぐはほとんど何もすることができないが、周囲の人々がすることを見よう見まねでやっていくうちに、自分でも同じようなことができるようになる。そのようなことをいくつも積み重ねていくことで、子どもは成長するのだ。また、ある程度大きくなってからも似たようなことはいくらでもある。コンサート会場の正確な場所をきちんと確かめずに最寄駅に着いたとしよう。そのような場合でも、大勢の人が向かっている方向についていけば何とかなることも多い。このように、われわれは「剽窃」や「パクリ」といったネガティブな意味の模倣だけでなく、よりポジティブな行為としての模倣を行っている。もちろん、われわれ人間は人真似ではなく自分のオリジナリティを発揮したいものであるが、通常はごく一部の領域だけのことが多い。その一部の領域において個性を発揮するためにこそ、われわれはそれ以外の部分でなるべく手間をかけないように、自分自身の思考を節約しているのだ。

となると、今度は「どうしてそれを模倣したのか」ということが問題になる。先ほどあげた例で考えると、子どもがまわりの人の真似をしたのは、それが両親のように強く依存している相手だったから、あるいはだれかが何度もその行為をしているのを見たから、あるいはたまたま他にだれもいなかったから、などといった理由が考えられるだろう。また、コンサート会場をめざして他人の後をついていく場合、いろいろな方向へ向かう人波のうちで、どの人波についていけばよいかわれわれは判断に迷うことになる。そして、こちらのほうが人数が多いからとか、そちらのほうが街並みがにぎやかだからという理由で、いずれかの方向を選ぶことになる。このように何かを模倣するということは、他者が用意してくれた複数の選択肢のなかからひとつを選ぶということでもある。模倣を考えるうえでは、こうした判断の根拠についても考慮に入れることになる。

さて、模倣をするということはつねに模倣に失敗する可能性をはらんでいる。たとえば、芸能人の物真似をしようとしてもうまくできないことも多いだろう。しかしながら、「似ていない」ということは、まったく別のものをつくり出したということであるから、ある意味ではその人のオリジナリティが出たということである。つまり、模倣するということは、つねに本来のモデルからの違い、すなわち「差異」が生じる可能性を秘めている。こうした「本物」との違いがどのように評価されるかはわからない。歌手の物真似をしても、ただ「似ていない」と切り捨てられる人もいれば、「本物よりもうまい」と評価される人もいる。物真似にかぎらず、模倣をしようと試行錯誤を繰り返していくうちに、模倣しようとしていたモデルよりも優れたものを思いつくこともあるかもしれない。オリジナルなものをつくり上げることを「発明」と表現するならば、「模倣」と「発明」は対立しあう概念であるが、実は紙一重だと考えることもできるのだ。

これまで、個人が行う行為としての「模倣」の話をしてきたが、それは社会学の観点からはどのように考えればよいだろうか。社会学は、社会におけるさまざまな「制度」を考える学問であるといってよい。「制度」には、法律のように明文化されているものもあれば、エスカレーターの片側を空けるといった暗黙のルールもあるが、いずれにしても、それを守らなかった場合には、法律であれば罰せられるだろうし、エスカレーターのルールであれば文句をいわれたり、嫌な顔をされたりするだろう。このような有形無形のサンクション（制裁）があるのが「制度」である。こうした制度は、完成された状態においてはわれわれ個人の行動に外部から制約を加えるものであるが、もともとはわれわれ個人ひとりひとりの判断や行動が積み重ねられた結果として生まれたと考えることもできる。「模倣」という観点から社会を考えるということは、個人の発想や行動を社会の構成要素として考え、小さな部分から大きな全体を説明しようという社会学の考え方のひとつである（その反対に、社会のほうが個人の行動をコントロールしていることを重視する考え方もある）。

最後に、こうした「模倣」という行為は、良くも悪くも、二〇世紀以降のマス・

メディアの発達や、現代のような電子メディアの発達によって、より大きな重要性をもつようになったということを指摘しておきたい。「コピー」(copy)というのも「模倣」と重なる言葉であるが、かつては手書きでしか写すことができなかったのが、一九世紀になると大量の部数(copy)を印刷して全国に届けることができるようになった。ラジオやテレビの普及は、文字や静止画に限られていた印刷メディアの限界を超えて、よりいっそうわれわれの視覚や聴覚に訴えるようなモデルを提供した。また、現代の電子メディアは、輸送の手間さえ省くことができ、文字どおり一瞬で地球の裏側まで届けられる。複製や加工も容易であり、何よりも、これまで一方的にモデルを受け取るだけであった一般大衆にとって、格段に安価な情報発信の手段をもたらした。もちろん、それだけ多くの「劣化コピー」を生み出したということでもあるが、模倣のあり方自体が多様化しているともいえよう。実際、「コピペ」「パクリ」「インスパイヤ」など、模倣の語彙も多様化している。こうした時代においてこそ、一九世紀末のフランスで現われた古い言葉であるが、「模倣」(イミタシオン)という概念についてもう一度考えてみる価値があるだろう。

二　タルドをもう一度読む意味

前節では、「模倣」という概念について考える意義について説明したが、今度はタルドという百年以上前の学者の説を検討するということの意義について考えてみたい。近年では社会学においても古典を学ぶということはそれほど重要視されておらず、ともすれば「訓詁学」と揶揄されることが多いが、一九世紀末から二〇世紀初頭にかけて活躍したエミール・デュルケムやゲオルク・ジンメル、マックス・ヴェーバーのような古典的社会学の著作は現代の社会学者の仕事に大きな影響を与えており、現代の社会学において用いられている概念のいくつかは、こうした古典的著作から継承されたものである。また、対象領域がつねに広がっているために、異なった対象に取り組んでいる社会学者の間で相互了解が次第に困難になりつつあるなかで、古典的著作はある種の「共通言語」としての役割が期待できる。そして、古典を読むということは、先人と同じ轍を踏まないためにもまったく無用というわけにはいかない。もちろん、後世の社会学者はみな、それぞれ独自の視点を付け加えていくことで社会学という学問の発展に寄与しなければならないのだが、そのためにはある程度は既存の道具立てを借用することも必要であろう。ここでもまた、

エミール・デュルケム（Émile Durkheim, 1858-1917）
フランスの社会学者でタルドのライバル。

ゲオルク・ジンメル（Georg Simmel, 1858-1918）
ドイツの社会学者、哲学者。

マックス・ヴェーバー（Max Weber, 1864-1920）
ドイツの社会学者、経済学者。

模倣をつみかさねていくことで、新たな発明を促し、社会学が前進しているのである。

しかしながら、タルドはデュルケムやヴェーバーなどに比べると、それほど著名とはいえないだろう。わが国においてはタルドの名前が載っていない社会学の教科書はそれほどめずらしくなく、名前が出ていたとしても「群集」や「公衆」といった非組織的集合体についての研究にふれられることが多い。タルドは社会学のメインストリートを歩いていた人物とみなされることはあまりない。そうなると、一九世紀末には他にももっと知られていない社会学者は多いのに、どうしてあえてタルドについて取りあげるのかと疑問に思われるのは理解できることである。したがってここではこの点について考えてみることにしたい。

第一に、タルドは今日では古典としての意義を十分に認められたデュルケムによって論敵とみなされていた。第六章で見ていくように、デュルケムは社会学から心理学的な説明を排除することによって、みずからの方法論を築き上げた人物である。デュルケムは『社会分業論』（一八九三年）においてすでにタルドの模倣論を批判しており、社会的事実を個人に対して外在的・拘束的なものとして定義した『社会学的方法の規準』（一八九五年）や、非社会的要因による自殺の説明を排除し、特に「模倣」のための一章を用意してまでタルド理論を徹底的に批判しようとした

ミクロ社会学
社会をその構成要素である個人の相互作用から見る社会学のこと。

『自殺論』（一八九七年）に至るまで、一貫してタルドの立場を批判しつづけた。もちろん、これに対してタルドもたびたび反論しており、タルドはデュルケムの思想形成において大きな役割を果たしたと考えられる。こうした歴史的な背景を考えるならば、われわれはヴェーバーの行為論とデュルケムの方法論的集合主義の考え方を対置して満足することはできない。しかも、タルドのように心理現象を基礎にして社会を説明しようという立場は、その後のアメリカ起源のミクロ社会学とも理論的に親和性をもっており、直接的な影響関係があるわけではないにせよ、その先駆者と考えることもできる。こうした学説史的関心から、われわれはもう一度タルドの社会学を検討しようと考えるのである。

第二に、タルドは『世論と群集』（一九〇一年）において模倣論を世論研究やメディア研究に応用しており、それだけ近代的な社会関係に目を向けた古典理論家である。もちろんタルドは歴史的研究を無視したわけではないが、彼の模倣論は過去だけではなく、同時代において進行中の現象であるメディアを媒介としたコミュニケーションについても考察を加えたものであった。この点はデュルケムが社会を説明するにあたり、その原初的な形態である未開社会に目を向けたのと好対照をなしている。タルドは『世論と群集』において、産業革命や教育制度の改革によって当時隆盛をきわめていた新聞に着目し、そこでひとつの判断や情報が多くの読者の頭

ジル・ドゥルーズ (Gilles Deleuze, 1925-1995)
フランスの哲学者。

のなかに複製され、それが世論という大きなまとまりになっていくことを論じた。このようなメディアによるコミュニケーションは、今日ではタルドの時代とは比較にならないほど発展しているが、その原型ともいえる一九世紀末のメディア状況の研究は、他の古典的社会学理論に比べて、現代のわれわれにとってより現実的な意義をもちうるものである。

第三に、タルドが結果的に現代における社会学の枠組みを超えて、さまざまな領域に成果を残したということがあげられるだろう。この点は社会学という学問が現代のようにある程度明確に確立されていなかった時期の学者に共通した特徴でもある。同時代のジンメルは哲学者でもあったし、ヴェーバーは経済学者でもあった。デュルケムもまた今日の文化人類学の基礎を築いている。タルドにも哲学者としての顔があり、今日でもジル・ドゥルーズのような哲学者によって高く評価されている。また、タルドはみずから打ち出した原理を多くの分野に応用しており、先にあげたメディア論の分野だけでなく、彼が司法官として実際に日々接していた犯罪の問題、法律や権力の変容、経済現象についての心理学的説明など、その関心は多岐にわたっている。このような業績の幅の広さは、決まった専門領域をもたない素人趣味として批判されることにもなるのであるが、タルドの社会学理論が多くの可能性を秘めたものであることを示しているといえよう。

三　ガブリエル・タルドの生涯

ジャン＝ガブリエル・タルド（Jean-Gabriel Tarde）は一八四三年三月一二日にフランス南西部のドルドーニュ県サルラ（Sarlat）で生まれた。サルラはパリから特急TGVで三時間ほどかけてボルドー（Bordeaux）まで行き、そこで急行列車に乗り換えてさらに二時間半ほど東に入ったところにある。人口一万人ほどの小さな町であるが、中心市街地には中世の街並みが残っており、また、当地の名産であるフォワグラやトリュフでも知られている。そのために、バカンスのシーズンには大勢の観光客が押し寄せ、大道芸人の見世物や名産品を扱う売店が夜中までにぎわっている。現在では、自治体の名称としては隣接するラ・カネダ（La Canéda）と合併してサルラ＝ラ＝カネダ（Sarlat-la-Canéda）となっている。またサルラの南方のドルドーニュ河畔にあるラ・ロック・ガジャック（La Roque Gageac）という村にはタルド家の館があり、彼らは休暇の折にはこの地で静養していたようである。

タルド家は古くからこの地域で暮らしており、先祖のなかにはフランス国王アンリ四世の専属司祭を務め、天文学者としてガリレイとも親交があった教会参事会員ジャン・タルドがいる。

理工科学校（École Polytechnique）　理系のエリート養成校として知られている。

タルドの父親は軍人であり、晩年にはサルラで裁判官を務めた。彼の最初の妻は結婚の数年後に亡くなってしまい、子どももいなかったのだが、一八四一年に地元の名家の娘と再婚した。これがタルドの母親である。このとき父親は四四歳であったのに対して、母親は一九歳であった。

タルドはその二年後に生まれたが、彼が七歳になったときに父親が亡くなり、母親の手によって育てられることになる。こうして彼は母親からの影響を強く受けることになり、結局は母親が亡くなるまで彼女の元を離れることはなかった。一一歳のときに、地元のイエズス会系のコレージュ（中学校）に入り、一四歳からは寄宿生となったが、その規律の厳しさに苦しめられた。後年にタルドはこの寄宿生活を「無実の人間の徒刑場」と述べている。

一八歳になったタルドは、文科と理科のバカロレア（大学入学資格試験）に合格した。科学者になりたいということで、理工科学校への入学をめざすが、ひどい眼病に苦しめられたため、学業を断念する。読書は最低限に制限され、薄暗い部屋で長い間過ごすことを余儀なくされた。この時期の病状は失明状態に近いものだったようであるが、彼はその分だけ思索をめぐらせることに集中できるようになったようである。理科系への進学をあきらめたタルドは父親と同じく裁判官になるため、トゥールーズの法科大学に登録するが、基本的にはサルラで勉強を続けた。この時

メーヌ・ド・ビラン (Maine de Biran, 1766-1824)
フランスの哲学者。タルドと同じドルドーニュ県出身。

オーギュスタン・クールノー (Augustin Cournot, 1801-1877)
フランスの哲学者、経済学者。

テオデュール・リボー (Théodule Ribot, 1839-1916)
フランスの心理学者。コレージュ・ド・フランス実験心理学講座教授を務める。

アンリ・ベルクソン (Henri Bergson, 1859-1941)
フランスの哲学者。コレージュ・ド・フランス教授を務める。

代に、彼はトマス・ア・ケンピスの『キリストにならいて』といった宗教書や、メーヌ・ド・ビランやオーギュスタン・クールノーの哲学書などを読み、強く影響を受けた。一八六五年には、法律の勉強をするために母親とともにパリに移る。パリでも依然として眼病に悩まされ、一時は自殺を考えるまでに至ったが、翌年に故郷に戻り、そのころには長い間彼を悩ませた眼病から回復した。

一八六七年にサルラで裁判官の助手となり、一八六九年にサルラ検事局において判事補となった。その後、一八七三年からシャラント県リュフェック（Ruffec）において共和国検事代理となり、一八七五年からサルラに戻って予審判事となった。タルドは一八九四年までこの地位にとどまることになる。

司法官として仕事をしながら、タルドは次第に研究活動に足を踏み入れていく。一八七〇年代にはすでに、いくつかの草稿ができあがっていたようであるが、当時はそのほとんどが発表されなかった。彼の論考が学問の世界で認知されるようになったのは一八八〇年になってからのことである。『哲学評論』(*Revue philosophique*)という学術誌に、はじめて「信念と欲求」と題するタルドの論文が掲載された。『哲学評論』は、心理学者のテオデュール・リボーによって創刊され、哲学だけでなく、当時科学としての位置づけがようやくなされてきた心理学や、まだ大学において明確な地位をもたなかった社会学についての論考が多く掲載されていた。この

アレクサンドル・ラカサーニュ（Alexandre Lacassagne, 1843－1924）
フランスの法医学者。

雑誌は、後に哲学者アンリ・ベルクソンやデュルケムといった著名な研究者の論文を世に送り出すことになる。タルドもまた『哲学評論』において、一方では哲学的、心理学的、社会学的論考を発表し、他方では犯罪学に関する論考も発表している。

こうした論考のうち、最初に著作としてまとめられたのは犯罪学に関するものであった。一八八六年に『哲学評論』に発表された犯罪学関係の論文をまとめた『比較犯罪論』が刊行される。このなかには、イタリアで次第に優勢になりつつあった生物学的な犯罪学理論を批判した論文も含まれていた。それがリヨン大学法医学講座教授アレクサンドル・ラカサーニュの目にとまり、タルドはラカサーニュが創刊した『犯罪人類学雑誌』(*Archives d'anthropologie criminelle*)に定期的に寄稿するようになる。一方で、同時期に発表された哲学的、心理学的、社会学的論考の一部は、一八九〇年に刊行された『模倣の法則』に組み込まれることになった。詳しい内容については第二章に譲るが、この著作こそがタルドの代表作であり、それによって彼は、フランスの社会学において重要な位置を占めることになる。タルドはまた、犯罪学についても同じ一八九〇年に『刑事哲学』という大著を出版し、刑事責任論や犯罪者論、犯罪論などについて論じている。犯罪学に関しては、この時期から国際犯罪人類学会に参加し、イタリアの生物学的犯罪学との論争が次第に激化していくことも注目に値する。

学問の世界におけるタルドの活躍が目立ってくると、彼をサルラからパリに引っ張り出そうという動きが出てくるようになる。女手ひとつで自分を育ててくれた母親を残していけないという思いがあったようであるが、その母親が一八九一年に亡くなり、タルドはようやくパリに出る決心をする。一八九四年に当時の司法大臣に招かれて司法省司法統計局長に任じられ、年間統計表の作成などにたずさわることになった（余談ではあるが、デュルケムが『自殺論』を執筆するにあたり、公刊されている年鑑に掲載されていない未発表資料の閲覧を当時の統計局長であったタルドに願い出ている）。タルドにとって執務室にこもってひたすら数字と格闘するという日常業務は耐えがたいものであったようだが、それでも彼は、それまでの田舎暮らしではなかなか会うことのできなかった学者たちと直接交流をもつことができるようになった。

一八九〇年代のタルドの活動を見てみると、毎年のように著作を刊行していることがわかる。一八九二年に『刑事・社会研究』、一八九三年に『法律の変容』、一八九五年には『社会学試論集』と『社会論理学』、一八九七年に『普遍的対立』、一八九八年には『社会心理学研究』と『社会法則』、一八九九年には『権力の変容』を刊行している。また社会学が次第に制度化されていくのもこの時代である。フランスにおいては一八九八年にデュルケムによって創刊された『社会学年報』（*Année sociologique*）と、その編集協力者たち（デュルケム学派）の活動が有名であるが、それに先立つ一八九三年に当時二四歳であったルネ・ウォルムスが世界のさまざまな社会科学者を集めて国際社会学協会（Institut international de sociologie）を組織した。この学会組織においてタルドは初年度の副会長を務めている。また、一八九五年に同じくウォルムスが創設したパリ社会学会（Société de sociologie de Paris）にも参加し、初代会長を務めた。また、政治科学自由学校や社会科学自由学院といった私設の教育機関において社会学関係の講義を担当することになった。

この時期においては、社会学を正規の大学教育のなかに入れようという動きがあり、そのために前出のリボーや、公教育省高等教育局長ルイ・リアールが奔走していた。一九〇〇年にタルドは、投票でベルクソンらを破ってコレージュ・ド・フランスの教授に選出される。リボーらと相談のうえで、講座名を「社会学的心理学講座」と変えようとしたが受け入れられず、結局「近代哲学講座」という名称のままで社会学に関する講義を行った。同年に道徳政治科学アカデミー（Académie des sciences morales et politiques）の会員となり、学問の世界ではこれ以上望めないといわれる地位に登りつめた。著書としては一九〇一年に『世論と群集』が、一九〇二年に『経済心理学』（全二巻）が刊行されている。しかしながら、再び眼病を発症し、一九〇四年五月一二日にパリで死去した。故郷のラ・ロック・ガジャックで

ルネ・ウォルムス (René Worms, 1869-1926)
フランスの社会学者。

政治科学自由学校 (École libre des sciences politiques)
一九四五年に国有化され、現在はパリ政治学院 (Institut d'études politiques de Paris) と呼ばれる。

社会科学自由学院 (Collège libre des sciences sociales)
現在も、政治研究高等学院 (École des hautes études politiques) や高等ジャーナリズム学院 (École supérieure

de journalisme）などとして存続している。

ルイ・リアール（Louis Liard, 1846-1917）
フランスの哲学者で公教育省の官僚。

アルフレッド・エスピナス（Alfred Espinas, 1844-1922）
フランスの社会学者。

葬儀が行われ、同地で埋葬される。コレージュ・ド・フランスの後任はギリシア・ローマ哲学講座教授となっていたベルクソンが横滑りで就任し、道徳政治科学アカデミーの後任には同じ社会学者のアルフレッド・エスピナスが選出された。

第二章

模倣の社会学理論

一　模倣を科学する

ここではタルドがどうして「模倣」という概念を使ってみずからの社会学理論を構築しようとしたのか、その背景を考えてみたい。われわれの普段の行動を考えてみると、確かに多少は他人の真似をしていることはあっても、何から何まで真似しているという人はそれほど多くない。にもかかわらず、主著『模倣の法則』（一八九〇年、第二版［改訂増補版］一八九五年）において、タルドは「社会とは模倣である」（タルド　一八九〇a　訳一二三）といい切っている。現代の社会学においては、社会そのものの動きや構成員の合理的判断を取りあげるのが普通であるから、こうした物言いはとりわけ奇異に感じられるだろう。しかし、タルドの時代においてはまだ、社会学という学問はアカデミズムの領域では認知されていなかった。したがって、社会学もまた生物学や心理学といった他の学問と同じように、ひとつの専門科学であるということを当時の大学人たちに認識させる必要があったのである。そのためにタルドがどのような戦略をもって、「模倣」という概念を対象として選んだのかを考えてみよう。

(1) 科学は反復する現象を対象とする

タルドは社会学を科学的なものとして位置づけようとしたのであるが、そもそも科学とはどのようなものなのだろうか。現象の因果関係を明らかにするものが科学であるとされることもあるが、タルドによれば、いくら因果関係を明らかにしたとしても、その現象が仮に一度しか起こらないとすれば、普遍的に当てはまる科学的知見とはいえない。したがって、一定の規則性をもって繰り返し現われる現象について考察するのが科学であるとタルドは考える。たとえば、物理学はさまざまな物体が引き起こす波動を計測して、そこに何らかの規則性を見いだすことを目的としており、生物学は生殖によって代々受け継がれていく遺伝的形質の異同について研究している。したがって、社会学が科学として認められるためには、複数の事実を並べてその因果関係を検討するだけではなく、他の科学と同じような反復的現象を対象としなければならない。そして、社会における反復とは、同じような行為を繰り返すという「模倣」だということになる。

(2) 催眠研究の影響

タルドは模倣を論じるにあたって、当時人々の注目を集めるようになった催眠研究を参考にしている。タルドが『模倣の法則』を準備していた一八八〇年ごろは、それまで非科学的でインチキなものと思われていた催眠研究がようやくアカデミズムの世界で認められるようになった時代であった。その中心人物は、パリのサルペトリエール病院のジャン＝マルタン・シャルコーや、フランス北東部の都市ナンシーの医師イポリット・ベルネームであった。彼らは、催眠術を実演してみせたり、催眠術で患者に治療を施したりしていた。また、催眠研究は実験室のなかだけでなく法廷にも進出していた。催眠状態にあったことを証明することで、刑事責任を回避しようとする動きが現われたのである。こうして催眠研究は、一九世紀末期のフランスにおいて科学としての地位を確立しただけでなく、一般大衆のあいだでも広く認識されていた。タルドはこのような催眠研究を取り入れることで、みずからの模倣研究に科学的な裏づけを与えようとする。

ジャン＝マルタン・シャルコー（Jean-Martin Charcot, 1825-1893）
フランスの神経学者。

イポリット・ベルネーム(Hippolyte Bernheim, 1840-1919)
フランスの神経学者。

「この問題〔＝催眠〕についての現代の著作〔……〕を読みなおしてみれば、社会的人間を真の夢遊病者として考察したからといって、私がべつに幻想に耽っているわけではないことはすぐに理解できるだろう。それどころか私は、自分がもっとも厳密な科学的方法にしたがっていると信じている」（タルド 一八九〇 a 訳一二五）

社会的関係そのものは実験室において考察することはできないが、社会的関係の根本的な要素である二者間の関係は、催眠というかたちで、前提条件をある程度統制しながら考察することができる。こうした催眠研究の知見を基礎におくことにより、より人数の多い社会的関係についても十分に科学的な考察ができるとみなしてよいとタルドは考えたのだろう。現代のわれわれから見ると、社会現象を説明するのに催眠をもち出すのは奇妙に感じられるかもしれないが、当時の学問世界の勢力図を見れば、そのようにすることが戦略的に必要であったということが理解できる。

その一方で、催眠に基づいて社会を説明することは、心理学に従属した理論として受け取られることにつながった。このことは他の科学から独立した対象と方法をもつ学問となるべき社会学にとっては重大な障害であった。後で見るように、デュルケムがタルドを批判する主要な論点のひとつがこの心理学的手法であった。タル

グスタフ・フェヒナー（Gustav Theodor Fechner, 1801-1877）
ドイツの物理学者、哲学者。精神物理学を提唱した。

ド自身は、心理学的な知識に基づいて社会学を築き上げることは必要不可欠であると考えたが、それは単に議論の出発点ということである。タルドは、個人内の心理現象とは区別されるような、ひとりの個人という枠を超えた複数の個人間の関係を対象とするのが社会学であると考えた。この点で、タルドにとっても社会学は心理学と同一視されえないものであった。

(3)　信念と欲求

精神の働きを科学的に考察するためには、それが何らかのかたちで数量化され、客観的に把握される必要がある。この時代においてはすでに、グスタフ・フェヒナーが、外的な刺激とそれに対応するわれわれの内的感覚を数量化してとらえようとする精神物理学という考え方を展開していた。タルドもまた精神物理学からの影響を強く受けていたが、感覚は人それぞれ感じ方に違いがあり、それを数値化することはできないと主張する。感覚はまだ質的要素を含んでいるので、そこからさらに純粋に量的な要素を引き出さなければならないのである。タルドによれば、この純粋に量的な要素とは「信念」（croyance）と「欲求」（désir）である。この二つの心理的量はタルドの模倣論の基礎をなしており、信念と欲求が人々の間に広がっていくことが「模倣」であると考えられている。この二つの概念はタルドの実質的なデビュー作である「信念と欲求」（一八八〇年）という論文において詳細に論じられて以来、晩年に至るまでつねに取りあげられている。この信念と欲求の定義については、タルドは「自分にはそれらを定義する能力がない」だけでなく「他の人々もそれを定義するのに失敗してきた」（Tarde 1880 : 152）などと述べて必ずしも明確にしていないのであるが、信念とは何らかの事項に対する肯定や否定であり、欲求とは現状では抱いていないこうした信念を抱くようにする動きであり傾向のようなものとして考えることができる。個人の脳内においては、さまざまな事項についてこうした肯定や否定の投票が繰り返し行なわれており、最終的にはより肯定が多い事項によって、人々は態度を決することになる。ただし、互いに矛盾する事項について賛否が同票になると、人々は「絶対的懐疑」という判断不能状態に陥る。タルドは、患者を診察してその病気が腸チフスであるのかそれとも別の病気であるのか判断に迷ったときの医師の心理状態を例にあげて説明している。また、個人の脳内においてだけでなく、社会レベルにおいてもある事象についての信念や欲求の合計を計算して、その社会全体の態度や傾向を計測することができる。つまり、さまざまな統計数値はその社会の人々の信念や欲求を表わしていることになる。

信念と欲求

一八九八年の著書『社会法則』では信念を「知的衝撃や同意、精神的収縮のエネルギー」として、また欲求を「心理的傾向や精神的渇望のエネルギー」として定義している（Tarde 1898b: 31）。

二　模倣、発明、対立

(1)　タルドの「模倣」概念

日常語としての「模倣」は、だれかの真似をして同じようなことをすること、というほどの意味であるが、タルドの議論においては、「模倣」という言葉はもう少し広い意味で用いられている。タルドもまた、個人の発明の才を模倣よりも評価し、価値のあるものとみなしているのであるが、それと同時に「模倣」をわれわれの社会をつくり上げる基礎として考えている。

ここでは主著『模倣の法則』における彼の議論を見てみることにしよう。実をいうと、タルド自身の「模倣」の定義を簡潔に示している部分を本文中に見つけることは難しい。しかし、『模倣の法則』の初版刊行後に、タルドが「模倣」という言葉をあまりに拡張しすぎたという批判がなされたようで、彼は一八九五年の第二版序文においてそれに対する反論を行い、そこで彼が「つねにまったく明確で特徴的な意味を与えてきた」という「模倣」という用語の定義を説明している。それによれば、模倣とは、「それが意図されたものであるかないか、あるいは受動的なものであるか能動的なものであるかにかかわらず、精神間で生じる写真撮影のこと」

（タルド 一八九〇a 訳一二）をさす。

こうしてみると、タルドの定義は、日常語の「模倣」と違い、意図的でない無意識的な行為を含んでいる。また、日常語では「模倣」はどちらかというと能動的な行動をさすのに対して、タルドの定義は受動的な行動をも模倣に含めている。また、「写真撮影」というのは「まったく同じものを転写する」ことであると考えられ、必ずしも創意工夫の欠如を否定的にとらえるものではないことがわかる。

(2) 発明と対立

タルドの模倣論において、もうひとつ重要な位置を占めているのは「発明」(invention) である。模倣がなされるためには、模倣されるべきものが存在していなければならない。したがって「発明」は、タルドの理論にとって「模倣」以上に不可欠なものである。しかし、この「発明」についても、タルドの用語法に気をつけなければならない。一般に発明とは特許にかかわるような高度なものをさすことが多いが、タルドが考える「発明」は、どんなに些細なものであっても、これまでにないような新規なものすべてを含む概念である。

「〔発明・発見という〕この二つの言葉が意味しているのは、言語、宗教、政治、法律、産業、芸術といったあらゆる種類の社会現象において、先行するイノヴェーションにもたらされる任意のイノヴェーションや改良のことであり、それらはどれほど取るに足らないものであっても、そう呼ばれることになるだろう」（タルド　一八九〇ａ　訳二九）。

そしてこの発明が多くの人に取り入れられる――つまり模倣される――ことによって、社会的なものが生まれ、変化していくとタルドは考える。「社会的にいえば、すべてのものは発明か模倣にほかならず、模倣は川であり、発明はその源流がある山である」（タルド　一八九〇ａ　訳三〇）とタルドは述べており、この二つの概念は彼の社会学理論にとってともに重要な役割を果たすものであることがわかる。

では、その発明はどのようにして生まれるのだろうか。通常はまったくの無から新しいものがつくり出されることはありえない。したがって、われわれは既存のものを組み合わせて何か新しいものをつくっている。それは人間の脳内で行われるのだが、そこにあるものはそれまでに彼が模倣してきたものである。複数の模倣の流れがある人間の脳内で交錯したとき、そこに新たな観念が生まれる余地ができる。そうして生まれた新機軸は、その人の脳内にとどまる限りは社会的には存在しないのと同じであり、それがまた別の人間に模倣されてはじめて、われわれはそこに発明が現われたことを知ることができる。したがって、われわれがいう発明とはつねに「模倣された発明」ということになる。

「すべての発明と発見は、いずれも複合体であって、過去の模倣をその要素としている。〔……〕発明と発見の複合体は、それ自体が模倣され、さらに複雑な新しい複合体の構成要素になる運命にある」(タルド 一八九〇a 訳八四)。

この模倣された発明はつねに競合する別の発明(つまり模倣)と闘争を繰り広げており、最終的にはどちらかの発明が淘汰されるか、あるいは互いに結びついて新たな発明を生みだすことになる。また、場合によっては、ある段階まできたところで闘争をやめ、両者がそのまま併存するということも考えられる。このように、「発明」は模倣されるものであると同時に、複数の模倣の対立の結果として生じるものとして考えられている。

(3) 反復・対立・適応によって成り立つ世界

タルドはすべての現象を「反復」(répétition)、「対立」(opposition)、「適応」(adaptation)という三つの様相から説明できると考えている。たとえば、物理学においては、物理的反復としての「波動」が互いに干渉しあうことで（対立）、ともに消滅したりより大きな波になったりする（適応）。生物学においても、別々の個体や種がそれぞれ「生殖」によって子孫を増やし（反復）、それらが縄張り争いや生存競争を繰り広げ（対立）、その後一時的に一定の勢力均衡状態が訪れる（適応）。そして、社会学においても、それぞれの地域や国民の間で別々の慣習が繰り返し行われることで模倣され（反復）、同じ機能を果たすもの同士が競合しあい（対立）、そのうちにひとつの慣習が勝利したり、別の慣習を取り込むかたちで変容したりして、最終段階では一時的な均衡状態に到達する（適応）。そして、このような均衡はさらに反復されて、それが新たな対立と適応を生みだす。このような三つのサイクルによって世の中のさまざまな現象が説明できる（詳しくはタルド　一八九八ｂを参照）。

三　模倣の法則

(1)　模倣の論理的法則

世の中にはさまざまなイノヴェーションが生まれるが、そのすべてが模倣されるわけではなく、むしろ人々の間に知られないまま消え去っていくもののほうが多い。

タルドは、どのようにしてこのような取捨選択が行われるのかを考察した。そこではまず、物理的原因と社会的原因が区別される。物理的原因とは、人間の身体的構造や気候の変動などであり、もちろんイノヴェーションの普及に大きな影響を与えるものもあるが、当面は純粋に社会学的な観点に絞って考察するという方針から、検討対象から外される。一方、社会的原因は、論理的原因と非論理的原因に区別される。論理的原因についてタルドは次のように説明する。

「論理的原因が作用するのは、ある人間が特定のイノヴェーションを他のものと比較してより有用でより真実であると判断して選択した場合、いいかえれば、そのイノヴェーションが他のものよりも彼の心のなかにおいて（これもまた模倣によって）確立された目的や原理にもっともよく合致していたために選択した場合である」（タルド　一八九〇a　訳二〇九）。

論理的原因とは、簡単にいえば、モデルそのものの価値がより高いものが模倣されるということである。そして、同じ目的をもった複数のイノヴェーションが並立するときは、それらの間で闘争が起こり、もっとも人々の脳内における原理や目的に合致しているものが存続する。これが「論理的対決」（duel logique）である。その結果として、より条件にあったイノヴェーションだけが人々の間に伝わることになる。たとえば、同じ目的地に行くのであれば、より速度の速い交通手段が、遅いものを淘汰して広まることになる。また、複数のイノヴェーションが組み合わされて、新たなイノヴェーションが生まれることもある。こちらは「論理的結合」(accouplement logique)と呼ばれる。たとえば、水車と石臼という二つの別々の発明を結びつけて、製粉用の水車小屋を生み出したり、車と蒸気ピストンを結びつけて蒸気機関車を作り出したりというものである。

(2)　超論理的影響

とはいえ、現実の世界においては、このような論理的法則が純粋なかたちで作用することはない。それ以外に、モデルそのものではなく、モデルが生まれた時期や場所などがもつ威信によって普及が左右される場合があり、それは「超論理的」あるいは「非論理的」な影響と呼ばれる。この超論理的影響としてタルドは次の三つの点をあげている。それは、①模倣は内部から外部へと進む、②模倣は上層から下層へと進む、③上層であることの根拠が過去に求められる場合と現在に求められる場合がある、というものである。三番目の論点は、慣習と流行に関するものであり、タルドも独立した章を充てているので、次の(3)で取りあげることにする。

模倣は内部から外部へ進む

一般には、外部の表層的なものを先に模倣して、奥深い内面を模倣するのはその後ではないかと考えられることが多いが、タルドはそのようには考えない。歴史的に見ると、一六世紀にスペインのファッションがフランスにおいて流行したが、それは以前からスペインの強力な支配権を背景として、スペインの文学がフランスに広まっていたからだとタルドは考える。このように、外面に表れるものを模倣する場合は、その前にそれを受け入れる心の準備ができていなければならない。より正確にいえば、①思想の模倣は表現の模倣に先行しており、②目的の模倣は手段の模倣に先行する、ということができる。

模倣は上層から下層へ進む

「内部から外部への進行」に比べると、こちらの「上層から下層への進行」のほうが直観的に理解しやすいだろう。これは、論理的な価値が等しいイノヴェーションであれば、より優位な立場にいる担い手のモデルのほうがより模倣されるというものである。具体的な例をあげると、貴族階級のモデルは、その威信ゆえに、庶民階級のモデルよりも模倣されやすい。タルドは貴族階級がモデルの普及において果たす役割を次のように述べているが、そこには、モデルの普及があたかも水が高いところから低いところに流れるのと同じように流れるという、いわゆる「滴下理論」(Tricle-down theory) の考え方をはっきりと見てとることができるだろう。

「貴族の主な役割は、発明の才に富むとまではいかなくとも先駆的特徴をそなえることであり、それこそが貴族だけがもつ特徴である。発明は国民のうちの最下層に出現することもあるが、それを広めるためには〔……〕一種の社会的給水塔とでも言えるような、はるか高くそびえ立つ社会的頂点が必要なのである」(タルド　一八九〇a　訳三〇六)。

ところが、タルドの生きた一九世紀末のフランスはすでに民主主義の世の中になっており、中世と比べて貴族階級の果たす役割は格段に低下していた。しかしながら、階級間の隔たりがある程度解消されたとしても、それとは別の新たなヒエラルキーが生じている、とタルドは考える。むしろ階級の違いを超えてより多くの人々がそれまで貴族階級にのみ限られていたモデルに接することができるようになり、俳優や作家もまたより多くの観衆や読者を相手にしてより多くの成功を期待することができるようになった。こうして、ヴィクトル・ユゴーのようなかつてないような国民的な作家が生まれるようになったのである。このような時代に貴族階級

ヴィクトル・ユゴー (Victor Hugo, 1802-1855)
フランスの作家。『レ・ミゼラブル』(一八六二年) などで知られる。

に代わって優位な地位についたのは、大都市である。フランスでいえば、パリがもっとも威信があり、パリのモデルがその他の地方都市に影響を与え、さらにその周辺の村々へと流れるようになる。

「首都や今日の大都市は、いわば人々を選抜した上澄みである。国民全体の男女の割合は変わらないのに、大都市においては男性の割合が女性のそれを大きく上回っている。そのうえ、大都市においては大人の割合がその他の地域よりも非常に大きくなっている。最後にとりわけ、都市は他のあらゆる地域から、もっとも回転の速い頭脳ともっとも鋭敏な組織、つまり近代的発明を使いこなすのにもっとも適した組織を呼び集める。したがって都市は近代的貴族を構成しており、それは世襲ではなく自由参加によって成り立つエリートたちの組合である」（タルド　一八九〇a　訳三一三）。

(3)　慣習と流行

前項であげた上層から下層への模倣の流れについて、どのようなものが上層のものとして見られるかという点については、時代によって違いがある。自分の集団の過去に対して威信があると認める時代がある一方で、同時代における自分の集団外部に威信を見いだす時代がある。タルドは前者を「慣習」（coutume）の時代、後者を「流行」（mode）時代と呼んだ。そして、慣習の時代における ように、祖先にモデルを見いだす模倣を「慣習模倣」（imitation-coutume）と呼び、流行の時代におけるように、同時代の外国人の行動様式を積極的に取り入れようとする模倣を「流行模倣」（imitation-mode）と呼んだ。

歴史的に見てみると、はじめのうちは慣習模倣が優勢であるが、あるとき外部から新しいものを取り入れようという変革の波が現われる。流行の波は一瞬のうちにその集団内の人々に取り入れられ、祖先から受け継いだ伝統は忘れ去られるようになる。とはいえ、こうした流行の波は決して長く続くことはない。時間が経つにつれて、流行として新たに取り入れたもののなかから再び慣習として固定化されるものが出てくる。つまり、「人間は慣習の支配から逃れたとしてもそれはつねに不完全であり、結局は慣習に舞い戻ることになる」（タルド　一八九〇a　訳三四二）のである。ある集団について長い目で見れば、一過性で終わる流行よりも、時間的に持続する慣習のほうが優位であることがわかる。

しかし、再び慣習の時代に戻るということは、決して後退を意味するわけではない。当初の慣習は、より生命原理に従属したものであった。それは肉親の間の世襲的な伝達であり、それを無視して模倣が集団の外に広がっていくという仕組みにはなっていない。それに対して、一度流行の過程を経た慣習は、逆に生命原理より優勢になり、それを支配するようになる。たとえば、マルサス主義的な産児制限の導入によって、よりよい社会生活のために生殖のほうを抑制するといった例があげられている。こうした一連の慣習と流行の交替をタルドは次のようにまとめている。

「はじめ慣習であった模倣は、次いで流行に、そしてふたたび慣習になる。しかし、それは最初の慣習よりもかなり大規模な、まったく反対の姿となるのである。実際のところ、原初的な慣習のほうは生殖に従属しているのだが、最終的な慣習のほうは生殖に命令するのである。前者は生物的形態による社会的形態の搾取であり、後者は社会的形態による生物的形態の搾取である」（タルド 一八九〇a 訳三四九）。

四 まとめ

ここではタルドの構想をもとにしつつも、独自の視点からタルドの「模倣」概念を次の二つの軸によって整理して考えてみよう。まず、少人数の対面的状況で交わされる模倣とより大規模な集団内で交わされる模倣に分けることができる。前者を

「ミクロ水準」、後者を「マクロ水準」と呼ぶことにし、第一の分析軸とする。さらに、ある程度時間をかけて世代間を架橋するように働く模倣と、短時間のうちに多くの人々にほぼ同時に働きかけるような模倣に分けることができる。前者を「通時的」、後者を「共時的」と呼び、第二の分析軸とする。この二つの分析軸をクロスさせることで、われわれは四つの模倣の類型を区別することができる（表を参照）。

まず、「催眠」は「ミクロ水準」における「共時的」な模倣であるといえるだろう。対面的状況において行われるものでありながら、基本的には催眠術者と被術者が時間を共有して行われるものだからである。それに対して、「ミクロ水準」における「通時的」な模倣については、タルドは明確に取りあげてはいないものの、個人が社会に適応していく過程としての「社会化」として考えられる。特に子どもが社会のルールを学んでいく過程においては、まずは模倣をすることでルールを体得することが多い。

また、タルドが取りあげた「慣習」と「流行」はそれぞれ、「マクロ水準」で考えられた「通時的」模倣と「共時的」模倣としてとらえなおすことができる。「慣習」は「流行」に比べて大人数の人々の間に広がるものとはされ

	ミクロ水準	マクロ水準
共時的	催　眠 （対面的相互作用）	流　行 （空間的普及）
通時的	［社会化］	慣　習 （時間的普及）

表：タルドの模倣の類型

ていないが、一定規模の成員をもつ集団について想定されたものであるから、やはり「マクロ水準」として考えることができる。「流行」は多くの人々の間に短期間で広がるものであり、むしろ空間的な広がりをもつものとして考えられる。

このように、タルドの模倣論は個人間の模倣という小さな視点から出発するが、最終的には大きな視点で社会変動を見通すものであった。タルドは模倣論を唱えることで、心理学という科学的知見に依拠しながら、二人の人間の小さな相互関係から国家レベルや世界レベルの巨大な集合体までを同じ原理によって説明しようという野心的な意図をもっていたのである。

第三章

社会学理論を超えて——ネオ・モナドロジーと心間心理学

前章においては、タルドが独立した学問分野としての社会学を構築しようとしていたことを示した。タルドはこうした理論的研究を政治学や経済学、犯罪学などさまざまな分野に応用していくわけであるが、彼の理論的研究そのものもまた、必ずしも社会学という枠組みにとどまらないものである。このような社会学からの「越境」を示すものとして、哲学的な思索である「ネオ・モナドロジー」の理論と、晩年における「心間心理学」の構想がある。

「ネオ・モナドロジー」(néo-monadologie)は、ライプニッツの「モナドロジー」(monadologie)の影響を受けてタルドが独自に編み出した原理であり、社会をできるだけ単純な要素(=「モナド」)に分析して説明しようとするタルド社会学の特徴が現われている。

ライプニッツ(Gottfried Wilhelm Leibniz, 1646-1716)
ドイツの数学者、哲学者。

「心間心理学」(inter-psychologie) は、タルドが晩年にみずからの立場をさして用いるようになった言葉であり、基本的には初期の『模倣の法則』において展開された社会学理論と同じように、個人の相互作用を対象とする学問として考えられている。しかしタルドは、「心間心理学」を社会的な関係も含む精神間の関係一般を扱う、より広い対象をもつ学問として構想し、それに対して「社会学」を客観的に社会を考察する立場に限定している。つまり、タルドはみずからが取り組んできた学問分野を再編成して、新たな枠組みをつくろうと試みたのである。

この二つの議論は、その内容も展開された時期も異なるが、ともに社会学という枠組みの外に位置づけられているという点で共通している。これらは社会学そのものではないとはいえ、タルドの社会学理論の特徴を理解するうえで無視することのできないものであるので、ここであわせて検討することにしたい。

一 ネオ・モナドロジー

(1) ライプニッツとモナドロジー

「モナドロジー」(単子論) は、ライプニッツの中心的な思想である。ライプニッツは世界において存在するものはすべて「モナド」(monade) という微粒子からできていると考えた。モナドはそれ以上分解することのできない単純な実体であり、それらが複合してさまざまな存在をつくり出す要素となっている。モナド同士は互いに異質なものであり、すべて互いに区別される。また、モナドは、すべてのモナドで構成されている世界全体の状態に応じてそれぞれ変化する。この変化は、あくまで内部で行われる変化であり、外から力が加わって行われるわけではないとされており、あらかじめ神によって定められたとおりに変化していくと考えられた（「予定調和」）。モナドはそれ以上分解できない単純なものであるから、外部から何かが入り込めるような窓をもたないと考えられている。モナドにおける変化の傾向は「欲求」と呼ばれ、精神的なもののように扱われている。

(2)　タルドのネオ・モナドロジー

タルドはライプニッツの思想をすべて受け入れたわけではないが、ライプニッツの用いた「モナド」の概念にしばしば言及し、みずからもモナドロジーの立場を取ることを宣言している。たとえば、デュルケムの社会学方法論を徹底的に批判した「要素的社会学」（一八九五年）という論文において、デュルケムのように社会を個人から独立したひとつの実在としてみるような立場に対して、みずからの立場を「ネオ・モナドロジー的な仮説」（Tarde 1895b: 223）と表現している。

タルドのネオ・モナドロジーは、一八九三年に雑誌論文「モナドと社会科学」として発表され、一八九五年に加筆修正されて「モナドロジーと社会学」と改題され、著書『社会学試論集』に掲載された。ここでは、タルドの哲学的思想を詳細に研究したジャン・ミレ（Jean Milet）の『ガブリエル・タルドと歴史哲学』（一九七〇年）を参考にしながら、タルドのネオ・モナドロジーを概観してみよう。

タルドの哲学の特徴としてミレは三つの点をあげている。第一に、差異こそがすべての根源にあるという点があげられる。タルドの時代においては、類似を出発点におき、それが次第に多様化していくと考えられることが多かった。たとえば、デュルケムの「機械的連帯から有機的連帯へ」というモデルがその典型である（第六章を参照）。しかしタルドは逆に、われわれはまず互いに異なった存在として生まれ、それが他者と相互作用する過程で次第に同化していくと考える。

第二に、現実のできごとの前提として可能態（le possible）を想定する点があげられる。これはものごとが発生する以前には何も決められておらず、さまざまな可能性に開かれた不確定の状態におかれているということであり、この可能態こそが諸要素の独自性を生じさせていることになる。そして、さまざまな可能態が互いに闘争することで、最終的にひとつの現実態へと結実することになる。

第三に、現実態を無限小の（infinitésimal）構成要素に分けて考える点があげられる。たとえば数学においては、放物線のような曲線もある一点においては直線的な傾きとして認識できるように（これは「微分（différentielle）」と呼ばれる）、われわれは複雑な事象をより微細なものに分析して考えることができる。逆にいえば、現実態における諸存在はこうした微小なものを積分（intégrer）してできたということになる。社会はそれを構成する諸個人から考察されるようになり、生命有機体はそれを構成する細胞のレベルに分解して考えられるようになった。物質もまた分子や原子、さらにそれより小さな素粒子へと分析されるようになっている。このように、タルドのネオ・モナドロジーは、個性をもった無限小の微粒子として想定されたライプニッツのモナドの考え方に大きな影響を受け、それをそれぞれの科学に応用しようというものであった。それは「モナドロジーと社会学」の冒頭の次のような部分に現われている。

「ライプニッツがつくり出したモナドは、その父親の時代から大きく進化した。モナドはそれぞれ別々のルートをたどって、学者たちも知らないうちに、近代科学のなかに入り込んだ。このようなライプニッツのものではないにしても実に本質的で偉大な仮説に含まれた二次的な仮説のすべてが、科学的に明らかになりつつある」（Tarde 1895a: 309）。

(3) 所有の形而上学と擬心論／擬社会論

タルドはまた、これまでの形而上学は「存在」「……である」(être) を問題にしてきたが、デカルトが「我思う、ゆえに我あり」といったとしても、「我あり」というだけでは自分の存在以外に何も引き出すことができないという。そこで、タルドは「存在」の形而上学に代えて「所有」(avoir) の形而上学を提起する。「最初に『我所有す』という公準を根本的事実としておいてみると、『所有された』と『所有している』が同時に、切り離せないものとして与えられる」(Tarde 1895a: 371)。このように考えることで、自己以外のものの存在を引き出すことができるようになる。また、「……である」ということは結局のところ、その主体がもっている「属性」としてしか考えることができない。よって、デカルトの有名な命題も「所有」でい い換えられなければならないとタルドはいう。

「われわれが本来見いだしている具体的、実体的観念とは所有の観念である。有名な『我思う、ゆえに我あり』(*cogito ergo sum*) の代わりに、私は率先して次のように言いたい。『我欲し信ずる、ゆえに我所有す』(《Je désire, je crois, donc j'ai》)」(Tarde 1895a: 372)。

ライプニッツは、モナドがもっている変化の傾向を「欲求」としてとらえたが、タルドのモナドもまた、所有という概念に依拠するものであり、何かを欲する主体として扱われている。社会を考える場合、それを構成するモナドは個人であり、あるいは個人が抱く信念や欲求ということになるのであるが、タルドによれば社会以外においても同じように、モナドをそれ独自の意識をもつ主体として考えることができる。たとえば、波動が広がっていく場合など、無生物の要素であっても、それがあたかもそれ自身が広まっていこうとする意志をもっているかのようにみなすことができるというのである。心理的なものになぞらえて考えるという意味で、タルドはこれを「擬心論」(psychomorphisme) と呼んでいる。また、タルドが考えるモナドの調和のメカニズムはライプニッツのものとは異なっている。ライプニッツのモナドは窓のない閉じたものであり、調和や秩序はあらかじめ神によって決められていると考えられていたが、タルドの考えるモナドは窓のある開かれたものであり、隣接するモナド同士がコミュニケーションをすることで調和が生み出されるとされた(したがって予定調和ではない)。

また、すべてを心理的なものになぞらえて考えられるということは、人間の集まりでなくても、何かが集まったものは一種の「社会」としてみなすことができるということである。タルドは、こうした考え方を「擬社会論」(sociomorphisme) と呼んでいる。社会という語を人間社会以外に用いるのは、現代のわれわれにとってはかなり奇異に感じられるが、タルド以前にも、すでに『動物社会』（一八七八年）を著したエスピナスが、動物で構成される社会や、「細胞の社会」について論じている。タルドの議論は化学や生物学といった領域の現象を社会として説明しようというかなり大胆なものであり、さまざまな異論を引き起こすことが予想されたが、タルドはこうした仮説を立てることがさまざまな現象の理解に役に立つと考え、仮説を立てることの意義を強調した。実験や観察を重視するニュートンの有名な言葉である「私は仮説を立てない」（*hypotheses non fingo*）に対して、タルドは「私は仮説を立てる」（*hypotheses fingo*）と述べている。

二　心間心理学の構想

(1)　精神間心理学あるいは心間心理学

ネオ・モナドロジーは、タルドの社会学を特徴づける哲学的な背景として考えられるのに対して、「心間心理学」のほうは、人々の相互作用としての模倣によって定義されたタルドの社会概念そのものに関わるものである。初期の著作である『模倣の法則』においても「精神間」（inter-mental, inter-spirituel）、あるいは「頭脳間」(inter-cérébral) というように「……間」(inter-) という接頭辞がついた形容詞がたびたび登場しているが、タルドはこのような表現を用いながらも、みずからの学問的な営為をつねに「社会学」と表現してきた。しかし、晩年になると、彼はこのような個人間の相互作用に関する学問を「精神間心理学」(psychologie inter-mentale) あるいは「心間心理学」と表現するようになる。たとえば、一九〇〇年からはじまったコレージュ・ド・フランスの初年度の講義の題目は「精神間心理学」というものであった。また一九〇三年には「心間心理学」と題する論文を発表している。ここでは、タルドがどうしてこれまで「社会学」といっていたものを「心間心理学」といい換えるようになったのかを考えることで、この新しい呼称の学問分野をつくり出したタルドのねらいを考えていくことにしよう。

まず、タルドが「精神間心理学」や「心間心理学」という表現を、「精神内心理学」(psychologie intra-mentale) や「心内心理学」(intra-psychologie) という表現と対比して用いていることに注意しよう。これはちょうどインターネット (ネットワーク間の相互接続) とイントラネット (事業所内ネットワーク) の違いに相当するものである。つまり、「心内心理学」は個人内部の精神状態を対象とするのに対して、「心間心理学」は個人間の相互的関係を対象とする。一九〇三年の論文でタルドは心内心理学を個人心理学と同一視し、心間心理学については、「それ固有の分野と方法」をもっており、「周囲の人々との最初の精神的関係を築いた直後の新生児の研究からはじまる」ものとしている（Tarde 1903 : 103）。

また別の部分でタルドは次のように述べている。「あらゆる社会的紐帯は〔……〕直接的に、あるいは間接的に、一方の自我に対するもう一方の自我の距離をおいた反映である模倣から成り立っている」（Tarde 1903 : 94）。ここでタルドは模倣という相互作用が社会的な結びつきを構成していると述べており、少なくとも『模倣の法則』を書いた一八九〇年の時点における彼の「社会学」の構想と、一九〇三年の時点における「心間心理学」の構想との間に大きな内容的変化はない。しかし、タルドは「心間心理学」という呼称を用いると同時に、「社会学」に対しては別の意味を与えて両者に差をつけている。以下において、タルドが考える個人間の相互作用に関する学問の分類について見ていくことにしよう。

(2)　心間心理学と社会心理学の区別

タルドによれば、心理学が対象とする自我は生理的な観点と社会的な観点からとらえられており、それぞれ「生理学的心理学」と「社会心理学」という二つの科学によって取り扱われている。しかし、「社会心理学」という表現は、今日では必ずしも適切ではないとタルドは考える。その理由としてタルドは二つの点を指摘する。

第一に、「社会心理学」という表現は、「神秘主義者」たちによって、個人とは完全に区別される社会的自我をもつ存在として社会を定義するために乱用されてしまい、個人間の相互的関係という本来の意味を外れてあいまいになってしまった。この「神秘主義者」という批判は、おそらくはタルドの論敵であったデュルケムのように、集団がそれを構成する個人の精神とは別の、集団独自の意識や表象をもつという「集合表象」あるいは「集合意識」という立場に向けられたものであろう。

第二に、「社会」といってしまうと、ある程度大きな集団が想起されてしまい、もっとも基本的な社会関係である二者間の関係（たとえば母子の間の相互作用）から人数が次第に増えていくことで大きな社会集団が成立しているという事実を見落とす危険がある。したがって「社会心理学」という代わりに、個人と個人の関係を扱う心理学という側面を端的に示す呼称を使うべきだとタルドは主張する。

> 「私は、複雑で不明確な用語である社会心理学、あるいは集合心理学の研究に代えて、精神間心理学とか、頭脳間心理学、あるいはより手短に［……］心間心理学と呼べるような、より一般的でより明確な一科学の研究を据えるのが望ましいと考える。はじめに私は、この用語がより一般的であるといったが、それは、この用語が主観的な側面から検討されたあらゆる社会的関係（肉体間の関係はの

ぞく）を含むだけでなく、社会的なものをもたない多くの頭脳間の関係を含むからである。すべての心理間の関係が社会的事実であるわけではない。社会的であるためには、これらの関係があるひとつの自我の他の自我への、または他の諸自我への作用であるか、それを含まなければならない」（Tarde 1903 : 92-3）。

つまり、タルドは「心間心理学」という語を、研究対象である個人間の相互関係を文字どおりに明示すると同時に、社会的なものであるかどうかにかかわらず、あらゆる相互関係一般を対象とするために用いている。タルドによれば、心理的に相互関係があって社会的関係がない状態とは、たとえばある人が他者を一方的に見ているだけでまったく働きかけを行っていないような場合や、お互いに目で見て存在を認識していながらも、憎悪や恐怖などによって両者の社会的な結びつきが阻害される方向に働いているような場合である（cf. Tarde 1903 : 93-4）。「社会的」という性質をこのように限定的に解釈することには異論があるだろうが、ともかく結論としては、「社会心理学」と「心間心理学」はまったく同じものではなく、前者が後者の一部を成すという関係にあることになる。

「社会心理学〔……〕は、心間心理学の一部分でしかなく、また、それは非常に拡張された模倣的な一部分である。精神間とは、社会的なものの手がかりであり、社会的なものを説明するが、同時にそこからはみ出すものである」（Tarde 1903 : 94-5）。

このように、心間心理学は社会心理学を含み、二者の対面的関係という最小の精神間関係から、多数の集合体における精神間関係までを幅広く扱う学問として規定される。タルドは心間心理学の対象を「①個人から個人への作用、②個人から群集あるいは何らかの集合体への作用、③集合体から個人への作用、④個人から公衆、つまり散らばった群集への作用、⑤公衆から個人への作用」（Tarde 1903 : 111-2）というかたちに整理している。つまり、心間心理学は個人間の一対一の関係を基礎とするが、そこから百万人とか一千万人といった多数の人々の関係まで広く見通すことができるものとして考えられていたのである。

(3)　社会心理学と社会学の区別

一方、社会学は社会心理学の「客観的形態のもとにおける展開であり、補完である」（Tarde 1903 : 94）とされ、心理的現象だけではなく、物理的・生物学的現象を広く対象とするものとして再構成される。このような新たな「社会学」観は、論文

「社会的実在」（一九〇一年）において、すでに見られる。

「社会とは単に精神間の諸作用の寄せ集めではない。社会は精神間の諸作用の集積であると同時に、身体間の諸作用の集積である。それに加えて、社会には多くの物理的諸作用があり、また自然界の勢力を抑制したり利用したりするための闘争がある。したがって、社会学はこのような集合を対象としており、このような全体の一部分を考慮に入れるにとどまっている社会心理学とは本質的に異なっている」（Tarde 1901b: 458）。

また、一九〇三年の「心間心理学」論文においても、タルドは同様な点を指摘している。彼は精神間の作用が依拠している内的、外的な諸条件である「物理的条件、生理的条件、心理的条件、社会的条件」を検討することで、「新生の社会学が無視してはならない一般考察を見いだす」（Tarde 1903 : 114）と述べている。物理的条件としては、郵便や電信・電話、印刷技術のように、精神間の作用の空間的・時間的な拡張に関わるものが取りあげられ、生理的条件としては「これまで誇張されてきた」という人種の問題や年齢の問題、心理的条件としては、ビスマルクやナポレオンのような人々の心をひきつけるような魅力を取りあげ、社会的条件としては言語や宗教、教育の共有を指摘している。社会学はこうした諸問題を総合的に研究するものとしてとらえられていることになる（cf. Tarde 1903 : 114–6）。

このように、晩年に新たに構想された「社会学」の研究対象は、それまで対象として想定されていた精神間の主観的な関係にとどまらず、客観的に観察可能な関係にまで及んでいる。このような方針転換は、タルドと激しく対立してきたデュルケムの社会実在論的立場への譲歩とみなすことができるかもしれない。次のような箇所においてタルドは、社会が化学物質や生命有機体と同じように実在のものであるということを認めている。「社会学は、その総体において理解された社会が、化学にとっての物質や生物学にとっての生命と同じように、まさしく実在のものであるという感情〔……〕から生まれたものである」（Tarde 1901b: 458）。また、はじめは個人内部の主観的な事実であったものが、他の人々の間に広まることで、客観的な事実となってわれわれ個人にとって外部のものになる。

「はじめは個人的であったある種の感情や原理、計画が次第に広がっていき、普及していく。そしてそれは、普及しながら強化され、仲間たちのそれぞれの自我に対立する。それから、それらの感情、原理、計画は、このような対立によって主観的なものから客観的なものとなり、物質的な様子を帯びる。なぜならば、そうした感情、原理、計画は、たとえそれがわれわれすべての精神的習慣に基づいているとしても、われわれそれぞれに対して抵抗するからであり、抵抗の観念と物質の観念ほど緊密に結びついているものはないからである。われわれそれぞれの精神状態は、それがわれわれの外に外面化し、外部の精神に反射しながら、われわれが影響力をもつのに応じて、客観化され、実現する」(Tarde 1901b: 460)。

ここでタルドは、心理的なものから議論を出発させているが、「客観的なもの」「物質的な様子」「抵抗」といったいい方から考えれば、デュルケムの「社会的事実をものとして考察する」という命題をある程度承認しているように思われる。もちろん、タルドはこれに続く部分で「社会的事実の心理学的な説明に対する反対者」(Tarde 1901b: 460) としてデュルケムを批判しているが、それは人々に対して圧倒的な拘束力を及ぼす諸制度もはじめは個人のなかから出てきたものであるということをデュルケムが認めようとしなかったことに向けられている。このように社会的事実の起源についてはデュルケムと対立していたが、タルドはデュルケムとともに、いったん成立した制度が個人に対して強い影響力を及ぼすことを認めている。

しかし、このように社会学の位置づけを変えることでタルドは、新たに定義しなおした社会学ではなく心間心理学こそがみずからの学問的領域であることを再確認しているように思われる。デュルケム社会学のような、自分のものとは違う方針をもつ社会学の影響力が高まっていることを認めたうえで、それと共存しながら自分の主張を展開するために、あえてこうした「棲み分け」を行ったとも考えられる。こうしてより精神間の関係に特化した学問分野の構想を発表した後、彼の試みは六一歳というやや早すぎる死によって絶たれることになった。

三　まとめ

ネオ・モナドロジーと心間心理学は、前者が非常に抽象的で形而上学的なものであるのに対して、後者はより具体的で現実の二者間関係を想定するなど、内容的にも互いにかなり異質なものである。しかしながら、ともにタルドの社会学理論の特質について社会学を超えた視点から示しているという点では共通しているといえるだろう。ネオ・モナドロジーは、社会をできるだけ小さな構成要素に分解して考えるというタルドの社会学の方向性を表わしたものである。しかしそれにとどまらず、心理的な要素としてみるという考え方を、社会だけでなくあらゆる現象に適用するという点で、社会学を超越した幅広い応用範囲をもつ哲学的な仮説であるといえるだろう。また、ネオ・モナドロジーの思想は、近年マウリツィオ・ラッツァラート

(Maurizio Lazzarato)の『出来事のポリティクス』(二〇〇四年)において取りあげられ、現代のさまざまな社会問題の考察に利用されている。

一方、心間心理学は実質的にはそれまでの社会学としての取り組みと変わらないものの、精神間の関係一般を研究するという姿勢をより前面に出すかたちで提唱された。それと同時にタルドは新たな「社会学」の対象を社会集団のような目に見える具体的なものに限定しようとしたのであるが、その後アメリカを中心に個人間の相互作用を中心に検討するミクロ社会学が発展していったことを考えれば、あえてこのような限定をしなくてもよかったように思われる。タルドは心間心理学の考え方を一九〇二年に発表された二巻の大著『経済心理学』において応用しており、さらにより実証的な研究として、アルフレッド・ビネとともに学校の児童についての心間心理学的調査を企画していたとされるが(Tarde 1909 : 26)、こちらは実現されることはなく、「心間心理学」という言葉も忘れ去られることになった。

アルフレッド・ビネ(Alfred Binet, 1857-1911)
フランスの心理学者。知能検査の開発者として知られる。

第四章

模倣と犯罪

犯罪学の研究はタルドにとって二つの意味で重要である。まず、彼自身が裁判官として現実の犯罪に直面していた。タルドは「予審判事」と呼ばれる第一審の前段階である予審を担当する裁判官を務めており、起訴するかどうかを判断するために事件現場の捜査にたずさわることもあった。彼の理論的成果である模倣の法則もこうした業務の傍らで生み出されてきたものであり、彼の犯罪学は単に理論を応用したというだけではなく、むしろ理論の土壌として考えることもできる。

また、当時の犯罪学の流れからみても、タルドの犯罪論は重要な位置を占めている。彼はこの時代に台頭してくる実証主義的な犯罪学（生物学的な知識に基づいて犯罪を説明しようとする立場）に対抗して、社会学的な見地から犯罪を検討する立場を築き上げた。社会の正常状態とは必ずしもみなされてこなかった犯罪現象について、通常の社会現象に用いるのと同じ理論を用いて——つまり模倣論によって——説明しようとすることで、タルドは犯罪社会学のさきがけとなったのである。

一　古典刑法学派と実証主義学派の対立を超えて

タルドの犯罪論を検討する前に、彼の時代に犯罪がどのように考えられていたのかを振り返ってみよう。もともと、犯罪に対しては、法律に基づいて刑罰を科すことで対応しようとする古典刑法学派が有力であり、現代においてもこうした考え方が主流であるが、一九世紀後半になると、犯罪者の身体的要因など科学的な知見に基づいて対応しようという実証主義学派が次第に台頭するようになる。

まず古典刑法学派にとって、犯罪とは刑法にふれる行為を犯したということであるが、刑法にふれる行為をしたからといってすべての人が同じように処罰されるわけではない。たとえば小さな子どもが物を盗んだとしても、大人と同じように刑事裁判を受けて刑を科せられることはない。それは、子どもはまだ善悪の判断がきちんとできない存在だという発想があるからである。善悪の判断ができる成人が、悪いことだと知りながら刑法にふれるような行為をしたときにはじめて、その行為は犯罪として取り扱われる。このように、古典刑法学派は、人間は基本的には行動を

チェーザレ・ロンブローゾ（Cesare Lombroso, 1835-1909）
イタリアの法医学者で生来性犯罪者論を唱える。

選択する自由をもっているという前提に立ち、別の行動をとることができたにもかかわらず、あえて犯罪となるような行為を選択した場合に、そこに罪があり責任を取らせるべきだと考える。そして、犯罪行為に対してはそれに見合うだけの刑罰を科すことで、犯罪が割に合わないものであるということを認識させ、あるいは今後は犯罪行為を選ぶことのないように矯正させようとするのである。

しかし、このような考え方に対して疑問を呈したのが実証主義学派と呼ばれる人々であり、イタリアの法医学者チェーザレ・ロンブローゾに代表されるグループである。彼らは現行刑法の下でも犯罪は減少していないと主張し、それは現行刑法の基礎にある古典刑法学派の思想が科学的知識に基づいていないからだと批判する。したがって、犯罪も科学的に取り扱わなければならない。そこで犯罪者を観察してみると、一般の善良な人々には見られないような身体的特徴を見いだすことができる。たとえばロンブローゾは、ある盗賊の後頭部に見られた窪みを犯罪者の特徴のひとつとみなした（後頭部中央窩）。この窪みは動物や未開人にも見られることから、ロンブローゾは犯罪者を未開段階に退行した人類の一変種として考える。彼はほかにも犯罪者の顎や鼻、耳といった部位に独特な形質を見いだしている。そして、犯罪者となるべき人間はこのような犯罪を生み出すような身体的形質を遺伝的に受け継いでいるため、犯罪的な行為を選択しないという自由を完全に享受しているわけではない。したがって、このような犯罪者に対しては犯罪を回避することは期待できないので、責任を問うことはできず、したがって刑罰を科すべきではない。さらにいえば、このような犯罪者に刑罰を科しても、それによって矯正される保証はないことになる。このような観点からは二つの帰結が成り立つ。一方では、矯正不可能であるならば社会にとって危険であるから排除すべきだということになり、他方では、犯罪者はむしろ病人であって、刑罰ではなく治療を施すべきだということになる。ロンブローゾらの実証主義学派の学説は、一般的に人権を軽視して社会防衛に主眼をおいた考え方としてみなされるが、それと同時に被告人に対する有罪判決を回避するための法廷戦術としてもちだされたこともあった。このような実証主義学派の考え方は、「生来性犯罪者」（生まれつき犯罪を犯すことになる人々）の理論として知られており、あらかじめ生物学的要因によって犯罪者となるように決められているという意味で、「生物学的決定論」ともいわれる。このような考え方が、科学の発達が著しいヨーロッパにおいて次第に広がっていく。裁判においても法医学者が次第に発言力を増していき、法律の専門家である裁判官との間に軋轢が生じることになった。

こうした状況にあって、タルドは実証主義学派に対する批判を展開することになる。タルド自身も裁判官であったが、彼は必ずしも古典刑法学派の考え方を擁護したわけではない。タルドは刑法学の立場と生物学の立場をともに批判して、新たに社会学の立場を示した。その考え方を以下で検討してみよう。

二　実証主義学派に対する批判

犯罪学の世界においてタルドの名を知らしめたのは、一八八五年に発表された「犯罪者類型」と題するロンブローゾ批判の論文である（一八八六年に『比較犯罪論』に再録）。そこでタルドは、犯罪者が身体的特徴によってある程度一般人と区別されることを認めながらも、ロンブローゾが指摘しているような解剖学的形質が必ずしも犯罪者の形質と結びつくものではないことを指摘している。たとえば、ロンブローゾは「後頭部中央窩」が犯罪者の一六パーセントに見られるのに対して、非犯罪者では五パーセントしか見られないことから、これを犯罪者の特徴とみなしたが、タルドは、当時フランスの統治下にあったアルジェリアにおける犯罪傾向を引き合いに出して、それを犯罪者の特徴とみなすことは困難だと主張している。というのは、この身体的特徴はアラブ人の二二パーセントに見られるが、アラブ人の犯罪率（一万人あたり三〇～四〇人の刑事被告人）はヨーロッパ人（一万人あたり一一一人の刑事被告人）よりも低いからである（cf. Tarde 1886 : 13）。

また、社会的な特性についても未開人と犯罪者を同一視することはできない。たとえば、刺青は未開の部族にも犯罪者にも見られる習慣であるが、未開部族の刺青は芸術的な幾何学模様であり、顔や体全体に施されるものであるのに対して、犯罪者の刺青は子どもの落書きのようなものであり、衣服などで隠すことができるような部位に施されることが多い。また組織形態についても、犯罪組織はイタリアにおけるカモッラやマフィアのようにまるで商社のような高度な組織形態をもっており、未開人の部族組織とは異質なものである。

このように、タルドによれば、犯罪者を一般人と区別するような特有の形質は存在しないことになる。ただし、先天的に犯罪に運命づけられるような形質は存在しないものの、ある種の職業に就くことで、その職業に固有の身体的特徴が現われることはあるとタルドは考えた。

「どうして犯罪という職業だけが特徴的な身体をもつという特権があって、そのほかの職業にはそれがないのだろうか。それとは反対に、後者の人類学的な身体的特徴がよりいっそう強調されなければならないと当然考えるべきである」(Tarde 1886 : 53)。

確かに、タルドは犯罪者の身体的な特徴が先天的に他の人々のそれと異なっているというロンブローゾ説を批判しているのだが、それに対して、形質の違いは後天的に現われるということと、犯罪者だけでなくすべての職業がそれ独自の身体的形質をもつようになるという点をあげており、犯罪者に特有の身体的形質があるということそのものは否定していないことになる。実際にタルドは次のように述べている。「私の批判は、しばしば犯罪者が示している肉体的形質やその他の形質に対してロンブローゾが与えた解釈にしか向けられていないが、それはいかなる点においても犯罪者類型の実在を損なうものではない」（Tarde 1886 : 49-50）。

このように、タルドは犯罪者に特有の身体的特徴を部分的に認めているために、ロンブローゾの生来性犯罪者の仮説に対する批判としては、かなり不徹底なものになっている。しかし、こうしたタルドの主張はロンブローゾらの陣営からは攻撃としてみなされた。ロンブローゾは、タルドの批判ほどみずからの『犯罪者論』に対する巧妙で重大な批判はなかったと述べている（cf. Lombroso 1885 : 178）。また、このような不徹底な態度はタルドだけのものではなかった。タルドと同様にロンブローゾ説を批判し、この点ではより社会学的な立場を徹底していたと思われるデュルケムでさえ、「犯罪が正常社会学にぞくする一現象だからといって、犯罪者が生物学的・心理学的観点からみて正常な構造をもった一個人であるということにはならない」（デュルケム 一八九五 訳一五二）と述べ、犯罪者固有の形質の存在を認めているかのような主張をしている。このようなためらいはこの時代の限界であったといえるかもしれない。いずれにしても、デュルケムの思想を全体としてみれば、彼はつねに社会学的な説明をめざしていたことは明らかである。タルドもまた、このような迷いはあったものの、その後の『刑事哲学』（一八九〇年）をはじめとする犯罪学の著作において、より社会学的な立場を明確にしようとする。そこでは当然、彼が社会の構成要素としてとらえた「模倣」が取りあげられることになる。

三 犯罪における模倣の法則

タルドは犯罪統計に着目し、犯罪件数が年ごとに大きく変化することはないことに気づいた。彼は、もし古典刑法学派がいうように犯罪が人間の自由な判断のなかから生まれるのだとすれば、犯罪の件数もかなり気まぐれに変化するのではないかと考える。もしそれがある程度一定しているのであれば、そこに何らかの外在的要因が働いていると想定することができるというのである。では、その要因とは何なのだろうか。まずは季節や天候といった物理的な要因が考えられるが、タルドによればこうした要因は限定的な役割しか果たしていない。たとえば南部の暑い地域では犯罪が多いとか、昼の時間が長い夏季において犯罪が多いなどといわれているが、タルドはその本当の原因は別のところにあると考えている。たとえば昼が長いということは、「それにともなって社会活動の時間が伸びて人々の出会いが増加するということであり、そうでなければ犯罪に影響を与えることはありえないだろう」（Tarde［1890b］1892 : 308）と説明されている。また人種や性別の問題もこれと同じように、その背後にある社会活動の頻度によって説明できると主張する。こうしてタルドは次のように社会学的な犯罪の説明をめざすことを宣言する。

「統計によって何らかの季節や天候がある種の犯罪の増加や減少に対応していることが明らかになったからといって、その事実が犯罪の物理的原因の存在を証明しているわけではない。それと同じように、人類学が犯罪者のなかに両手利きや左利き、突顎などの割合が大きいということを明らかにしたからといって、生物学的意味における犯罪者類型が存在するというわけではない。〔……〕われわれは、犯罪の物理的、生理的な説明を退け、いかなる方法によって犯罪の法則が研究されなければならないかを示す必要がある。われわれはその法則を、社会科学を規定していると思われるような一般法則の特殊な応用のなかに見いだすことができるだろう」（Tarde［1890b］1892 : 322-3）。

タルドが考える社会学的な一般法則とはもちろん模倣であり、彼は模倣論として提示した理論的枠組みによって犯罪という現象を説明しようとする。この点について第二章で示したような四つの模倣の類型に分けて考えることにしたい。

(1) 個人レベルにおける模倣——催眠と社会化

まず、個人的レベルにおける同時的模倣である「催眠」という側面から考えてみることにしよう。確かにこの時代において、「催眠」という言葉が刑事裁判において取りあげられることがあった。たとえば、一八八九年に執行官のグッフェが殺害された事件の裁判においては、女性被告人に対する催眠暗示の影響が争点となった(小倉　二〇〇〇　一九〇〜四)。

タルドにとって、催眠は社会レベルでの模倣を構成するもっとも単純化された要素であるが、彼は催眠がまったく犯罪を犯す意図のない人に犯罪を行わせることはありえないと考えていた。なぜならば、われわれは通常さまざまな人物の暗示を同時に受けているので、たとえ犯罪の暗示を受けても何らかのかたちで相殺されるからである。われわれは完全に自由に判断できるわけではないが、まったくの自動人形というわけでもない。ただし、群集におけるように一度に多数の人々から同時に同じような犯罪的暗示を受けた場合には、善良な人々でも犯罪者へと転化しうる。

一方、個人が時間をかけて模倣する（つまり学習する）ことで社会に適応する「社会化」は、たとえば家族内で同じ催眠を慢性的に受けているような状態であるから、先にあげた「催眠」におけるよりも犯罪へと結びつく可能性が高いと考えられる。タルドはむしろ模倣がもたらす社会的な影響に関心をもっていたため、催眠やこの社会化の問題については多くを語っていないのであるが、家族内や仲間内で犯罪者としての訓練を受ける過程を取りあげている。

(2) 社会レベルにおける模倣――慣習と流行

ここでは犯罪が時間的にも空間的にも個人のレベルを超えて、社会的なレベルに広がっていく過程について考えてみよう。タルドはこの問題について、上層から下層への流れというモデルを使って説明している。はじめは貴族階級のものであった言葉遣いや服装が次第に平民階級へと伝わっていくのと同じように、犯罪もまた貴族から平民へと伝わっていく。そして、階級的な平等が達成されてからは、都市と農村のような地理的な上下関係が働くようになる。つまり犯罪はパリやマルセイユから周辺の地方へと広がるようになるのである。これは「流行」という側面から考えるとわかりやすいだろう。たとえばタルドは、硫酸を用いて自分を裏切った愛人の顔を焼くという傷害事件が多発したことをあげている。これは新聞で報道されたこともあり、さまざまな地方に同種の犯罪を引き起こしたと考えられている。

一方、「慣習」というかたちをとる犯罪というのは考えにくいかもしれない。というのは、そもそも「慣習」というのはその社会に根ざして持続的に存在するものであり、反社会的な犯罪とは相容れないものと考えられるからである。しかしタルドの記述を見てみると、慣習的な犯罪というのもなくはない。それはその土地において特徴的に見られるような風土病的な犯罪である。たとえばイタリアのナポリにおいては、断れば顔面を傷つけると脅迫したうえで結婚を迫るという特異な犯罪行為が頻発したとタルドは指摘している（Tarde［1890b］1892：371-2）。こうした犯罪は「慣習」の類型のなかに加えてよいと思われる。

四　新しい責任論へ――個人的同一性と社会的類似性

模倣論に基づくタルドの犯罪学においては、古典刑法学派とは違って人間が完全に自由に物事を判断し選択できるとは想定されていないことがわかる。われわれは模倣の社会的な影響から完全に自由ではないからである。一方で、実証主義学派が考えるように、人間は自由に振る舞うことができないから犯罪の責任を取らないという考えにもタルドは反対する。それでもわれわれは当事者の処罰を望むものだからである。結局のところ、タルドにとってはこの両者はひとつの点で一致している。つまり両者とも、自由であるということと刑事責任の問題を結びつけているのである。古典刑法学派にとっては、人間は自由であるから責任を取らなければならないということになり、実証主義学派にとっては、人間は自由ではないので責任は回避されてしかるべきということになる。これに対してタルドは、人間は自由ではないが責任は取らなければならないと主張する。そして自由に代わる新しい尺度を見いだした。それが個人的同一性と社会的類似性という二つの基準である。

(1)　個人的同一性

「個人的同一性」とは、犯罪行為を行った時点の人間と刑罰を受ける時点での人間が同一であるということである。ただし物理的に同じ人間であればよいというだけではなく、精神的にも同一でなければならない。たとえば、犯罪行為を行った時点において酩酊状態や心神耗弱状態におかれていたような人は、その人本来の人格として裁判を受ける時点におけるのと同一とはいえないだろう。そのような場合は刑事責任を免れたり軽減されたりすることになる。

(2) 社会的類似性

「社会的類似性」とは、犯罪行為を行った人物と被害を受けた人物、あるいは訴追者が同じ社会に属しており、互いに同類であると感じていることである。タルドは上の世代の親族に対する殺人である「尊属殺人」の例をあげ、それが通常の殺人よりも重いものとして規定されていることを指摘している。また、ヨーロッパ社会において未開人が法にふれる行為を行った場合、あるいは未開社会においてヨーロッパ人が犯罪行為を行った場合も、各自が属する社会内で同じような犯罪行為を行った場合と比べると人々からの非難の度合いが少ないと考えられる。

(3) 二つの基準は変化する

タルドによればこの二つの基準は不変のものではなく、絶えず変化している。かつては個人的同一性は問題にされず、家族的同一性だけが問題にされた。犯罪行為を行った当人だけが訴追されるのではなく、その家族全体が有罪とされたのである。そうした時代においては家族が責任を考える最小単位であったということだろう。実証主義学派は手足や顔つきなど個人よりも小さい単位で犯罪の問題をとらえようとしたが、タルドの時代においてもわれわれの時代においても刑事司法制度を変えるまでにはいたっていない。

責任の主体に関する同一性の範囲が狭くなっていったのに対して、社会的類似性の適用範囲はますます広くなっている。当初は家族や部族単位でしか類似性が認識されていなかったのが、都市や国家といった規模で人々が互いに同類だという意識をもつようになり、そのなかで行われた犯罪に対して同じように非難すべきだという考えをもつようになる。このような考え方は国境を越えて広がっており、犯罪者引渡条約が結ばれるようになっている。

五　まとめ

タルドの犯罪論は、基本的には彼が『模倣の法則』で展開した理論的枠組みを犯罪学の分野に応用したものにほかならない。そして、模倣論を適用したからこそ、人間の自由な選択に基づく刑法理論を展開した古典刑法学派と対立し、さらに生物学的決定論の立場を取る実証主義学派とも対立することになった。また、模倣論によって犯罪を説明するということは、犯罪をそれ以外のすべての社会現象と同じモデルで説明するということである。したがって、後年社会学の方法論をめぐって対立することになるデュルケムと同じように、タルドもまた犯罪をひとつの社会的事実として見ていたと考えてよい。したがってタルドは、デュルケムに先立って、当時まだ明確に確立されていなかった犯罪の社会学的研究の基礎を築いたといえるだろう。もっとも、タルドはデュルケムのように犯罪を社会が成立するために不可欠なものという意味で「正常」なものとはみなしておらず、デュルケムの規準に対しても批判的であった。この点については第六章「デュルケムとの論争」において検討する。

第五章

マス・メディアと公衆

マス・メディアは、現代ではインターネットや携帯電話などの新しいメディアに押されてその重要性は次第に低くなっているように思われるが、それでも報道から娯楽にいたるまで、われわれがテレビや新聞から得ているものは依然として大きいものである。タルドの時代にはまだテレビもラジオも実用化されていなかったが、大量に発行される日刊新聞は一般市民の間に広く普及しており、多くの人々が一度に同じ情報に接するという状況ができあがりつつあった。タルドはこうした新聞の読者のような不特定多数の人々を「公衆」(public) という用語で表現した。この「公衆」(ピュブリック) というフランス語は、通常は「聴衆」という意味で用いられることが多いように思われるが、タルドはこの言葉をあえて「読者」の意味に限定し、メディアによって結びついた人々のあり方を問題にしようとした。

ギュスターヴ・ル・ボン (Gustave Le Bon, 1841-1931)
フランスの社会心理学者。

ところで、横山滋『模倣の社会学』(一九九一年) も指摘しているように、タルドの「公衆」は、同時代の社会心理学者ギュスターヴ・ル・ボンらが考察した「群集」(foule) との対比で語られることが多く、「群集」が暴動やパニックなど非理性的な行動をとるものと考えられるのに対して、「公衆」は新聞報道を元にして議論や討論を行う理性的な市民を描いたものとして考えられることが多かった。確かに、新聞の読者は同じ場所に集まっているわけではないので、徒党を組んで暴れることはないが、だからといってそれがただちに理性的な討論の担い手になるとは限らないだろう。むしろ「模倣」の社会学者としては、公衆はメディアの報道を鵜呑みにする非合理的存在とみなしていたと考えられないだろうか。この点を明確にするには、まず当時の新聞がどのようなものであり、どのような人々を読者としてもっていたのかを知る必要がある。ついで、不特定多数の一般庶民の行動について関心をもってきた群集心理学者たちの所説を見ていく。最後に「公衆」についてのタルドの基本的な考え方について、これまで検討した論点と重ねながら明らかにする。こうした作業によって、現代におけるタルドの「公衆」に対する一般的な理解は再考を求められることになるだろう。

一　一九世紀末のフランスにおける大衆新聞

ここではタルドが生きた一九世紀末のフランスにおける新聞の実情について考えてみよう（以下の記述においては、小倉　二〇〇〇を参照した）。一九世紀以前の新聞は少数の教養層を対象とするものであったと考えてよいだろう。そこで繰り広げられる議論についていくには一定の知識が必要であり、何よりもまず定期購読できるだけの資力が不可欠であった。また、新聞発行に対する政府の規制も非常に厳しいものであった。たとえば一九世紀半ばの第二帝政期においては、政治的問題について取り扱う新聞については高額の検閲郵税が課され、記事の内容によっては発刊停止や廃刊の処分が下されることもあった。したがって、新聞が自由に政治的な議論を展開することは困難であった。

しかし、第二帝政期においてすでに、政治的なテーマを扱う場合に支払わなければならない高額な検閲郵税を回避するために、扇情的な犯罪事件を扱う三面記事に特化し、より安価な新聞を発行しようという動きが現われる。こうした動きはちょうど同時期に進行中であった産業革命の成果を取り入れながら急速に拡大していく。遠隔地から即座に記事を収集することを可能にする電信技術の発明、より高速に大量に印刷できる印刷機の開発、刷り上った新聞を全国に配送するための鉄道輸送網の拡大などである。また、一八八〇年代には義務教育制度が成立し、文字が読める人の割合が急速に増加していく。

こうした背景もあり、フランスの日刊新聞は急速に部数を伸ばしていくことになる。たとえば、『プチ・ジュルナル』紙は、一八六三年の創刊時にはわずか四万弱の発行部数しかなかったが、一九世紀の終わりには一〇〇万部に到達するようになった。そして言論の自由が法制化された一八八一年以降においても、新聞の中心となったのは政治的な討論よりはむしろセンセーショナルな三面記事であった。さらに、特に人々の関心をひくような重大事件については、週に一度発行される挿絵入りの増刊号の一面を飾ることになる。殺人事件の場合における挿絵は、まさに犯罪が行われている決定的瞬間や、裁判での被告人の様子などを扱ったものが多い。裁判の場合はともかく、犯罪の場面などに記者が立ち会っていることはまずありえないので、こうした記事については供述などをもとに想像を交えて描かれたものであろう。いずれにしても、このような挿絵入り増刊号の存在もまた、文字を読むことが不得意な層にまで新聞の影響が入り込む原動力になったと考えられる。

二　群集心理学の所論

(1)　民主政の確立と群集の台頭

フランスにおける民主主義体制の成立は、一七八九年のフランス革命において圧制の象徴であったバスチーユ監獄をパリの民衆が襲撃し、それがきっかけとなって王政が崩壊したことに端を発する。王や貴族といった特権的な少数の人々だけが政治的な問題に取り組む時代が終わりを告げ、国民自身が自分たちの選んだ代表者を通じて政治に参加する時代へと向かうことになる。このような時代においては、たとえば「民衆」や「国民」といった、不特定多数の人々の行動や態度が重要な役割を果たすようになる。しかし、このように不特定多数の人々に国家の重大事を決めさせることに不安がないわけではない。新しく政治参加の機会を与えられた国民の多くはまだ教養もなく、どのような政策がよりふさわしいかを判断するだけの資質をもち合わせていないと考える人々もいた。これまで教養ある少数のエリートによってうまく処理されてきた諸問題が、必ずしも教養があるとはいえない不特定多数者の手にわたることでより非合理的に取り扱われ、国家が誤った方向に導かれるのではないかという懸念が生じることになる。フランスにおいては、一八七一年の

イポリット・テーヌ(Hippolyte Taine, 1828-1893)
フランスの文学者。彼の群集の描写は群集研究者に強い影響を与えた。

シーピオ・シゲーレ(Scipio Sighele, 1868-1913)
イタリアの犯罪学者。フェッリの弟子でロンブローゾらとともに実証主義学派の一員である。

パリ・コミューン事件やその後の労働運動の広がりが、このようなかつてのエリート層における懸念を増幅させることになった。たとえばパリ・コミューンの混乱を目の当たりにしたフランスの文学者イポリット・テーヌは、『近代フランスの起源』(一八七五〜一八九三)において、エリート主義的な立場からフランス革命期における民衆の支配を批判的に考察している。

こうしたなかで、多くの無教養な民衆層を含んだ不特定多数者の実態について科学的に明らかにしようという動きが出てくる。そうした動きのひとつが一九世紀末のヨーロッパで繰り広げられた群集心理学の研究である。テーヌの影響のもと、多くの論者がこの問題に取り組んでおり、そのなかでもっとも有名なのは『群衆心理』(一八九五年)を著したル・ボンであろう。しかしここでは、彼に先立って群集研究を行ったシゲーレとタルドについて見ていくことにしよう。

(2) シゲーレとタルドによる犯罪群集の研究

イタリアの犯罪学者シーピオ・シゲーレは一八九一年にイタリアで『犯罪群集』を刊行しているが、これは当時の群集心理学についての最初期の専門的著作である。この著作においてシゲーレは、群集がそれを構成する個人とは異なった性質をもつことや、群集においては模倣や催眠暗示といった心理的過程だけでなく、構成員の人類学的な特徴や、構成員の人数といった数量的要因が重要な役割を果たすことなどを指摘している。また群集の犯罪は危険なものであり、それから社会を守らなければならないことを強調しつつも、それは群集の影響によるものであって、必ずしもその犯罪を実行した個人に全面的な責任を負わせるべきではないと主張している。こうしてシゲーレの犯罪群集論は、ストライキなどで暴力事件を起こしたとして起訴された労働者たちを弁護するための根拠として用いられるようになった。

一方、タルドもまた、「公衆」について論じる以前に、犯罪学研究の枠組みのなかで群集の問題を取り扱っている。彼は一八九〇年の『刑事哲学』において、犯罪の模倣が観察される場として群集を取りあげており、一八九二年には第三回国際犯罪人類学会大会において「群集の犯罪」と題する報告を行っている。そこでタルドは、シゲーレの見解に同意しながら、群集の性質はそれを構成する個人の総和として考えることはできず、むしろ個人に比べて道徳的にも知的にも劣った存在になることが多いと指摘する。そのうえで、群集の犯罪については単に付和雷同してついていった者よりも、みずから群集を指導して犯罪を行わせた者のほうをより厳しく処罰すべきだと主張している。さらに一八九三年に発表された論文「犯罪の観点から見た群集とセクト」においては、タルドは群集だけでなくマフィアや無政府主義テロ組織のような犯罪集団（セクト）にまで考察を広げている。

このように、ル・ボンが『群衆心理』の序論において「人跡未踏の地域」（ル・ボン 一八九五 訳二二）とみなした群集心理学の領域は、彼以前にシゲーレやタルドをはじめ何人かの論者らによって取りあげられていた。ル・ボンの著作の内容はこうした先行研究の内容と重なる部分がかなり多く、単にそれらを通俗的に書き直したものだとする評価もある。またル・ボンは、タルドやシゲーレは犯罪という観点からのみ群集を考察したにすぎないと述べているが（ル・ボン 一八九五 訳二三）、タルドとシゲーレは犯罪群集の事例を用いながらも群集一般の性質についてある程度考察を深めており、ここでのル・ボンの発言は文字どおりに解釈すべきではないだろう。

(3) ギュスターヴ・ル・ボンと『群衆心理』

ル・ボンはもともと医師であったが、世界各地を旅行し、人類学や心理学、社会学の分野にまたがるさまざまな研究を行った。そのなかのひとつに群集研究がある。彼は著書『群衆心理』（一八九五年）において、群集がそれを構成している個人の性質とは異なること、今日では教養や理性をもったエリートの支配は終わり、不本意ながらも群集の支配に従うしかないことなどを指摘している。

「現在の社会についできたるべき社会は、どんな根本的思想の上に築かれるであろうか？〔……〕今日から予想し得ることは、将来の社会が、その成立に際して、近代の最高主権者である新たな勢力、すなわち、群衆の勢力を重視せねばならぬであろうということである。〔……〕まさにきたらんとする時代は、実に『群衆の時代』とでもいうべきであろう」（ル・ボン　一八九五　訳一四〜五）。

このようにル・ボンは群集の非合理的な側面を強調している。ただし、彼が「群集」という言葉で表現したものは、今日の社会学における「群集」の定義とはかなり異なっていることに注意しなければならない。今日の社会学における「群集」は、火災などから逃げ惑う群集や、目標に向かって徒党を組んでなだれ込む革命の群集のように、ある時点で同じ場所にいて物理的にふれ合っており、メンバーシップが明確でない匿名の集まりとして考えられ、メンバーシップや境界がはっきりしているものは「集団」と呼ばれる。しかし、ル・ボンはこうした区別を明確にせず、さまざまな集合体を「群集」と表現している。たとえば、労働者階級を群集扱いしたかと思えば、メンバーシップがはっきりしていると思われる船の乗組員の集合体や議会をも「群集」として取りあげている。また、ル・ボンは「やむを得ない場合には、極めて不十分ながら、定期刊行物が、指導者のかわりをすることもある」

（ル・ボン 一八九五 訳一五四）とも述べており、後にタルドが定義することになる「公衆」（つまり新聞の読者）についても「群集」に含めて考えていたように思われる。

三 公衆と世論

(1) 公衆の時代

このように、一九世紀末のフランスにおいては、パリ・コミューンの反乱や労働争議に見られるような、一定の場所に集まっている組織化されていない無定形の集合体に注目が集まっていた。タルドやシゲーレはそれを「群集」と呼び、彼らの研究テーマである犯罪学の観点から、その行動や刑法上の処遇などについて議論した。彼らは犯罪学の視点に立脚していたために、暴徒のように今日の定義でも「群集」とみなされるような集合体を中心的に扱うことができ、限定的な意味における群集の一般的特性についても考察を広げることができたと考えられる。それに対して、より広い観点から群集を検討したというル・ボンの群集研究は、通常の意味における「群集」のほか、軍隊や議会といった組織集団や、タルドが「公衆」に含めている新聞の読者、あるいは労働者階級のような人々の集まりなど、異なった種類の集合体を同じ「群集」という言葉でさし示している。しかしル・ボンのように別々のものを同じ言葉で示すのは混乱のもとであり不適切だとタルドは考えた。彼は同じ新聞を読むことで結びついている人々については、「群集」とは別の言葉で表現すべきだと考えるようになる。

こうしてタルドは、著書『世論と群集』（一九〇一年）において、人々が直接的に身体的にふれ合い、同じ時間と場所を共有して寄り集まっている人々を「群集」と呼び、それに対して、新聞のようなメディアだけでつながっている人々、つまり同時に同じ情報に接しているにもかかわらず、広い地域に散らばっていて場所を共有していない人々を「公衆」と呼ぶことを提案した。タルドの公衆の定義を抜き出してみよう。「公衆とは〔……〕純粋に精神的な集合体で、肉体的には分離し心理的にだけ結合している個人たちの散乱分布である」（タルド 一九〇一a 訳一二）。

それでは公衆の構成員たちを「心理的にだけ結合」させているものは何なのだろうか。タルドはそれを、彼らが同じ新聞を読んでおり、それによって彼らがおびただしい数の人々と信念や感情を同時に共有し、また共有していることを自覚していることであると考える。単に新聞の情報が新しいからという理由だけではなく、見ず知らずの多くの他人が同じようにその情報を受けているということが重要である。たとえ現在進行中の出来事であっても、新聞がそれを報道しなければ人々はそれについて知らないままである。一方で、昔の出来事であってもそれが現在において頻繁に取りあげられていれば、「現在」の問題として同時に多くの人々の関心を呼び起こすこともありうる（タルド 一九〇一a 訳一四～五を参照）。

タルドは「公衆」の発生を、印刷術の革新により聖書が大量に印刷された時期に求めている。それによって、人々は教会に集まって直接顔をあわせるのではなく、各自が家で教義にふれることになり、教会による教義の独占が崩れることになった。その後、小部数発行される書物や雑誌を読む教養層としての公衆が出現したが、少人数ゆえにあまり影響力をもたなかった。フランス革命期になると、革命家たちによって多くの新聞が発行されるようになり、過激な発言が暴動を誘発するなど一定の影響力をもったが、輸送に時間がかかる地方ではそれほど影響力をもたなかった。それが、一九世紀になると、近代的な印刷機の開発などの技術革新によって大部数の発行が可能となり、公衆もまたそれだけ広範囲に発展する可能性が開けてきた。それこそが公衆と、一定の狭い範囲にしか広がることのできない群集を区別するものだとタルドはいう。こうしてタルドは、ル・ボンの説に反論して、群集よりも公衆のほうが現代社会において重要な役割を果たしうると主張する。

「公衆は、無限に拡大できる。しかも拡大するにつれて、公衆独自の活動はいよいよ強まるから、公衆こそが未来の社会集団であることは否定できない。印刷、鉄道、電信という、たがいに相補的な三つの発明が結合して、新聞という恐るべき威力が成立した。〔……〕したがって筆者は、現代を『群集の時代』なりとする健筆家ル・ボン博士の説に賛同できない。現代は公衆の、もしくは公衆たちの時代である」（タルド　一九〇一a　訳二一）。

群集と公衆の違いは、そこに含まれる人々の間の接触が直接的であるか間接的であるかというところにあるのだが、そのことによって他にもさまざまな違いが現われる。まず、群集には一度にひとつしか参加できないのに対して、公衆については複数のものに同時に参加することができる。そのため、公衆のほうが異論に対して寛容になるとタルドは述べている。また、群集は天候や季節といった自然的要因に左右されやすいのに対して、公衆はそうした影響力をあまり受けない。さらに、群集においては個人的な特性よりも人種的な特性が優勢になり、指導者の行為も比較的目立たなくなるのに対して、公衆においては人種的な特性よりも指導者の個性のほうが優勢になるとタルドは指摘している。「公衆に対しては、一人の主唱者の個人的天分が、国民の天分よりもはっきりと跡をとどめ、群集に対しては、逆に国民の天分の跡がいちじるしい」（タルド　一九〇一a　訳二六）ことになるのだ。そこで、次に公衆における指導者の働きについて見ていくことにしよう。

(2) 新聞記者の役割

公衆はメディアによる間接的な結びつきであり、そこでは人種の影響よりも指導者個人の特性のほうがより大きな影響力をもつことをタルドは指摘した。公衆における指導者とは、彼らを結びつけている新聞に記事を書いている新聞記者である。タルドによれば、彼らは群集の指導者よりも持続的な影響力をもつので、より強力な存在である。

「記者がその公衆に及ぼす影響は、瞬時的にはごくわずかだとしても、持続するから、指導者が群集にあたえる束の間の短い煽動よりもずっと強力になる。そのうえ記者の影響は、おなじ公衆のメンバーがたがいに及ぼしあうもっとずっと弱い影響力で妨害されるどころか、いっそう強化される。おなじ公衆のあいだの相互影響作用は、その思想とか性向、信念や情熱が、日々おなじ輔の風であおられ、同一になっているという意識を同時にいだくところからうまれるからである」(タルド　一九〇一a　訳二二五)。

また、公衆の成員は、新聞の内容について自分自身の思考をめぐらせたり、意に沿わない記事を載せる新聞の購読をやめたりすることができるので、群集の成員よりも精神の自由をもっていると考える人もいるかもしれない。しかし、タルドはそのようには考えない。なぜならば、新聞記者のほうはそうした公衆の意向を先読みして、なるべく彼らに気に入るような記事を書こうと努めるからである。新聞記者と公衆の成員は対等な関係ではなく、つねに新聞記者のほうが優位な立場にいるのだ。「公衆は新聞記者に反作用としてときおり影響する。いっぽう記者のほうは、ひっきりなしに公衆へ影響する」（タルド　一九〇一a　訳二六～七）。したがって、新聞記者が公衆を思いどおりに操ることはそれほど難しいことではない。タルドはここに「新時代の危険」を見いだしている。

「新聞記者がその公衆に意見をいやおうなくおしつけてしまうだけでなく、二重の適合作用と二重の選択とによって、公衆は筆者に熟知され操縦されやすい等質的集団になってしまい、新聞記者はいっそう強力に、いっそう確実に行動できるようになる」（タルド　一九〇一a　訳二七）。

こうして、新聞記者は公衆に対してますます大きな影響力をもつようになる。タルドは新聞記者がまるで専制君主のように公衆を支配するようになると考えている。「すぐれた記者が彼の眼前にひれ伏した公衆に対してふるう専制のはげしさも、いよいよ増すに違いない」とし、「すぐれた記者が自己の意見を無理じいするとき、彼らの王座のなんとゆるぎないことか！」と述べている（タルド 一九〇一a 訳三〇）。社会の民主主義的な進化に伴って個性の役割が小さくなったと考えられているが、タルドによれば、新聞記者と公衆という関係においてはむしろ、新聞記者の個性がよりいっそう発揮できるような状況になっている。すぐれた新聞記者が集まれば、「どんなにいけない目的でも、成就しないことはない」（タルド 一九〇一a 訳三一）。公衆は民主主義の発達とともにますます発展を遂げるが、それは討論が増えるというよりも、新聞記者の力が強まって、彼らの考えを読者である公衆に押しつけることによる発展として考えられている。

「最後に形成されながら、しかも民主主義的文明の進展につれてもっとも発展の途につくだろう社会集団、すなわち公衆という社会集団は、きわだった個性には自己を押し通す便宜をいちばん与え、独創的な個人の意見には普及の便宜をいちばん与える集団である」（タルド 一九〇一a 訳三一）。

(3) 世論と会話

タルドは同じ『世論と群集』において、世論についての考察を行っている。タルドが考える「世論」(opinion) とは「目下起こっている諸問題に答えるために生じ、おなじ国、おなじ時代、おなじ社会の人間たちのあいだでたくさんの部数転写されている判断が、一時的に、また多少とも論理的に寄り集まったものである」(タルド 一九〇一a 訳七五)。タルドはこうした「世論」のほかに二つの社会的精神を想定している。それは、すでにこの世にない人々がもっていた意見の蓄積である「伝統」と、時代の流れに掉さして社会を理想的な方向に導くために孤立して思索するエリートたちの個人的判断の集積である「理性」である。世論が理性を通俗化して普及させ、伝統として定着させれば万事うまくいくのであるが、実際には世論は両者の争いを助長するように働くとタルドはいう。「世論は〔……〕あるときは流行の新しい主義に熱中して、これまでの慣習的な思想・制度を荒らしまわったのち、それらにとって代わろうとする。あるときは『慣習』の威をかりて理性的な改革者たちを圧迫・放逐し、伝統のお仕着せという偽善的な仮装をまとえと強要する」(タルド 一九〇一a 訳七四)。したがって、タルドは世論を理性的な討論の成果とはみなしていない。

また、世論の構成要素として、タルドは「会話」(conversation) をあげている。

会話は新聞のようなマス・メディアが登場するはるか以前から存在しており、古代や中世における部族や氏族、あるいは都市において、そこに所属する比較的少数の、互いに面識のある人々の間で意見を共有させ、その集団の世論をつくり上げるための重要な経路となった。この時代においては広場における公開の討論などが媒体となり、それぞれの都市や部族がそれぞれ自分の世論をもっていた。しかし一九世紀末のように大衆新聞が普及した時代においては、都市や部族ごとの世論は新聞によって話題を提供された巨大な公衆によって担われる大きな世論に取って代わられる。こうした新聞の読者の広がりに合わせて、世論は空間的により画一化され、時間的により頻繁に変化するようになったのである。

四　まとめ

タルドは一般に、公衆という合理的な討論の担い手を想定したと考えられているが、当時の大衆新聞の隆盛やタルド自身による犯罪学的観点における群集研究、そして『世論と群集』における公衆についての彼の見解を総合して考えるならば、こうした見方は一面的なものであることがわかるだろう。確かに、タルドは公衆に対して一定の期待をしており、「新聞がひきおこした深刻な社会変革もけっきょくは、団結と恒久平和の方向へすすむものと信じたい」（タルド　一九〇一a　訳六七）と述べている。しかし、タルドにとっては人類の進歩に寄与するのは集団ではなく、創意をもった個人である。この点においては公衆も例外ではなく、やはり創意をもった存在とはみなされていない。タルドは次のように述べている。「すべてのみのりゆたかな自発性は、ひっきょう、独立的で強力な個人的思索から発する。そして思索するためには、ラマルチーヌのいったように、群集からだけでなく、公衆からも孤立しなければいけない」（タルド　一九〇一a　訳六八）。とはいえ、現代社会においては社会集団から孤立することは困難であり、一般的な個人が創意を発揮することも難しい。全体的に見ると、タルドは公衆の時代について、大衆操作の危険のような負の側面を危惧していたと考えてよいだろう。

第六章

デュルケムとの論争

タルドの社会学を語るうえで、エミール・デュルケムの存在にふれないわけにはいかない。「社会学」という言葉をつくったのはオーギュスト・コントであるが、社会学の講座をはじめて担当したのは、このデュルケムである。彼は、コントという在野の研究者が唱えていた怪しげな学説としてみなされていた社会学を、独自の対象と方法をもつひとつの学問体系としてつくり上げるために非常な努力をした。デュルケムの社会学は、社会や集団はそれ独自の原理で説明されなければならず、それを構成する個人からは説明できないと主張するものであり、デュルケムにとって、模倣という心理学的な要素によって社会現象を説明するタルドのような存在は障害であったと考えられる。こうして、デュルケムは折にふれてタルドの学説を批判した。その多くは『社会学的方法の規準』や『自殺論』といった彼の有名な著書

オーギュスト・コント (Auguste Comte, 1798-1857)
フランスの哲学者。

のなかに現われている。そこで本章では、デュルケムの主要著作に見られるタルド批判を取りあげ、それに対するタルドの反論を検討することにしたい。

一　社会変動はどのようにして起こるか？——『社会分業論』

(1)　類似から差異へ（デュルケム）

まず、デュルケムの最初の著書であり、博士論文である『社会分業論』（一八九三年）について見てみよう。ここでデュルケムは、部族集団のように互いに類似した人々によって構成された人間関係で成り立つ社会が、次第に互いに異質な人々の分業によって成り立つ現代の文明社会へと取って代わられるということを論じている。デュルケムの言葉でいうならば、前者のような結びつきは類似に基づく連帯、すなわち「機械的連帯」（solidarité mécanique）であり、後者のような結びつきは差異に基づく連帯、すなわち「有機的連帯」（solidarité organique）である。「機械的」というのは、集合体の各構成要素が無機物を構成する分子と同じように固有の運動をもたないということであり、「有機的」というのは、集合体の各構成要素が生命有機体を構成する諸器官のようにそれぞれ独自の働きをもつことで全体の活動を支えているということである（デュルケム　一八九三　訳一二八〜九を参照）。

このように、デュルケムは社会が進化していくにつれて、より複雑で異質なものになると考えていた。したがって、模倣のような同化作用によって社会を説明するというのは受け入れがたいことになる。デュルケムの発言を見てみよう。

「文明は社会的類似を増大させる効果をもつということも、かなりひろい通念となっている。タルド氏はいう。『密集した人間集団がひろがってゆくにつれて、諸観念の伝播は幾何級数的にますますいちじるしくなる』と。〔……〕この意見は、個人類型と地方別であれ国別であれともかく集合類型との混同にもとづいているのである。文明がこれらの集合類型を平準化してゆくことは、いうまでもない。だが、文明はまた、個人類型についても同じ効果をもたらし、画一性が一般的となる、と結論するのはまちがっている」（デュルケム　一八九三　訳一三三〜四）。

デュルケムは、このほかにも「模倣といってもそれだけではなにものをも説明しえない」（デュルケム　一八九三　訳三六二）と批判するなど、タルドの模倣論についてはかなり批判的な姿勢を示している。とはいえ、『比較犯罪論』（一八八六年）のような犯罪学の知見の引用も見られ、これらについては自らの議論を補強するために取りあげているケースが多い（ベナール　一九九六　訳九を参照）。

ハーバート・スペンサー（Herbert Spencer, 1820-1903）
イギリスの哲学者。

(2) 類似に先立つ差異の存在（タルド）

これに対してタルドは、書評論文「社会的諸問題」（一八九三年）において、デュルケムの『社会分業論』を取りあげている。彼はデュルケムがハーバート・スペンサーのような社会有機体の理論に依拠せずに議論を展開していることを評価しているが、デュルケムが考える社会変動論については疑問を呈している。

タルドはまず、デュルケムが社会変動の原因を、社会の体積や密度の緩やかな増大に求めていることを批判する。このような連続量の静的な変化だけでなく、闘争や個人の創意のような急激な動的変化を考慮しなければならないというのである。

「彼は歴史を火成論からではなく、水成論から考える傾向、つまりいたるところに火山性の隆起ではなく、堆積物の累層を見る傾向がある。彼は偶然的なもの、非合理的なもの、物事の根底のこうした歪んだ様相を決して考慮しようとせず、同様にルヌーヴィエ氏のいうこうした根本的基礎の一つである天才の偶然を考慮していない。〔……〕彼は、模倣については十分に取り組んでいるが、発明についてはまったく取り組んでいない。一方が他方に、すなわち前者が後者に由来するにもかかわらずそうなのだ」（Tarde 1893a: 625–6）。

社会の体積や規模が大きくなっていく原因を考えてみると、そこにはデュルケムが環節（segment）と呼んだ小さな部族社会の間の闘争や併合があり、それが繰返されていくことで、最終的に国家という規模まで拡大していくが、タルドによればそれも結局は互いに類似した環節として考えられるという。つまり、多数の小規模な環節からなる社会から、少数の大規模な環節からなる社会へと変化していくというのがタルドの主張である。そこではつねに類似的な環節が問題になっており、彼の模倣論が基礎になっているのはいうまでもない。

「現代のヨーロッパは、フランス、ドイツ、イタリアなどから形成された環節社会であり、まさにモザイクであるとも言えよう。大小の諸環節の類似は模倣によって生み出されるものであり、かつてもずっとそうだったことは明らかではないだろうか」（Tarde 1893a: 627）。

さらにタルドは、個人の創意が社会変動において果たす役割を重視すべきだと考えている。単に人口の規模が大きくなっただけでは社会は発展しない。たとえば中国やインドに比べて人口が少ないフランスのほうがより工業化が進み、それに伴ってより複雑な分業が発展していることをタルドは指摘する。つまり「人口の増加が、人々の生理学的受胎能力の単純な帰結ではなく、人々の創意に帰すべき場合には、人口の増加は分業の進展と平行して進む」（Tarde 1893a: 628）ということになる。

このようにタルドは、『社会分業論』でデュルケムが展開した議論を自らの模倣論にひきつけて解釈しようとしていた。模倣論によって社会変動を考えるということは、模倣という同化の過程によって現代社会をとらえるということであり、当然のことながら、類似したものが次第に異質なものになっていくというデュルケムの有名な「機械的連帯から有機的連帯へ」というモデルそのものに反対していたことになる。タルドはこの点について、この図式を反対にして解釈することもできるという。つまり「彼が通常は有機的と呼んでいる連帯のほうが、彼が機械的と呼んでいる連帯に先立つ」（Tarde 1893a: 629）と考えることもできるのである。

二　個人が先か社会が先か？――『社会学的方法の規準』

(1)　社会が個人を支配する（デュルケム）

『社会学的方法の規準』（一八九五年）は、デュルケム社会学の基本方針に関する宣言として非常に有名なものである。そこでは、社会学がそれ固有の方法と対象をもつ独立した科学となるために必要な考え方が示されている。まず、社会学の対象となる「社会的事実」については、社会を構成する個人の心理的事実に外在し、それを拘束するものとしてみなされており、さらに社会学はそれを観念としてとらえるのではなく、「もの」として客観的にとらえなければならない、とする。したがって、社会的事実は心理的事実によって説明することはできないことになる。次のような部分にこうしたデュルケムの主張がよく現われている。

「個人が社会的に行動し、感覚し、思考するとき、かれがしたがう権威は、その点でかれを支配するのであるから、この権威は、すなわち個人を超えた、したがって個人の説明しえない諸力の所産であるということである。個人のこうむるこの外的な圧力は、個人から発することはありえない。したがって、個人のうちに生起するものによっては、この圧力は説明されえないのだ」（デュルケム 一八九五 訳二〇五）。

(2) 個人という要素から成り立つ社会（タルド）

一八九四年に『社会学的方法の規準』の原型となる論文が発表されたときに、タルドはすでに反論を試みている。同年に開催された第一回国際社会学協会大会において、タルドは「要素的社会学」と題する報告を行い、デュルケムの社会学方法論を批判的に検討した。ここでは、翌一八九五年に刊行された大会議事録から、タルドの主張を見ていくことにする。

タルドがこの報告のタイトルに「要素的」という形容詞をつけたのは、社会は個人という構成要素に立ち戻って考えなければならないということを示すためであったと考えられる。それでは、タルドは具体的に社会的事実をどのように考えていたのだろうか。彼によれば「要素的社会的事実」とは「意識的な存在が他の存在に作用することによってもたらされる、ある意識状態の伝達と変容」である（Tarde 1895b: 211）。ここでは一人の人間の心理状態ではなく、二人の人間の間で交わされる心理的作用が問題になっていることがわかる。タルドもまたデュルケムと同じく一人の個人だけで社会を説明しようとしていたわけではない。一人の人間のなかで完結した行為ではなく、複数の人間に関係する行為こそが、社会的なものの出発点となる。

「だれかと話すこと、偶像に祈ること、衣服を織り上げること、木をのこぎりで挽くこと、敵をナイフで刺すこと、石材を彫ること、以上のようなことは社会的行為である。なぜならば、そこにはそのように行動する社会的人間しかおらず、彼が幼年時代から意識的に、または無意識的に模倣してきた他者の例示がなければ、彼はそのように行動していなかったからである。実際、社会的な行為の特徴は、模倣的であるということである」(Tarde 1895b: 211)。

それでは、デュルケムの主張についてタルドはどのように反論していたのだろうか。まず個人に対する社会的事実の外在性と拘束性に関するデュルケムの記述について見てみよう。タルドによれば、社会的事実も何らかの個人の発明によって生まれたものであり、それが模倣されて多くの人々に共有されることによって、われわれを外部から拘束するようになる。したがってタルドは、社会的事実がどんな個人に対しても同じように外在的で拘束的であるとは考えない。たとえば、群集における指導者と追従者の違いを考えてみよう。タルドは次のようにいう。

「群集のなかに引き込まれるという現象は、社会的事実であり、そのことをこの著者〔＝デュルケム〕は認めている。それゆえに、多くの人々を英雄的行為や殺人へと駆り立てるこのような大いなる熱狂や怒り、憎しみの流れは『いかなる個々人の意識をも起源とするものではなく』、それは群集のすべての成員に外在する事実であり、彼らすべてに強制を加える事実であると彼は性急に結論づけている。しかしながら、群集のなかには指導者と追従者がおり、このうち追従者については、自分で暗示に身を任せたとはいえ、強制が加えられていると考えることができなくもないが、この表現を指導者についても適用することは用語上の矛盾なのは明らかではないだろうか」（Tarde 1895b: 219）。

また、社会はその構成要素によって説明することはできないというデュルケムの主張に対しては、社会を考察する社会学者自身が、社会の構成要素である個人そのものであるから、彼らは個人やその集合体がもつ意識について、内部から把握することができるとタルドはいう。この点で社会学は他の科学にはない利点をもっている。「社会学においては、われわれは、独自の特権によって、要素であるわれわれの個人的意識と、化合物である諸意識の集合について、内的な知識をもっている。そして、ここでわれわれが言葉とものとを取り違えることはありえない」（Tarde 1895b: 222）。したがって、タルドにとっては、個人的なものを抜きにして社会を考えることはできない。「個人が取り除かれると、社会的なものは明らかに何ものでもない」（Tarde 1895b: 222）ということになるのだ。タルドのこのような主張は、『自殺論』においてデュルケムに厳しく批判されることになる。

三 模倣自殺は自殺率に影響するか？——『自殺論』

(1) デュルケムによる「模倣」の定義

デュルケムは『社会学的方法の規準』で提示した規準を現実の社会問題に適用して、その有効性を示すことを試みた。それが『自殺論』（一八九七年）である。自殺という現象は個人的な事情によるものと考えられがちであるが、そこに一定の社会的な傾向を見いだそうというのがデュルケムのねらいである。『自殺論』は全三編から構成されているが、デュルケムは第一編において自殺の非社会的要因を検討し、それらが社会全体の自殺率の動向に大きな影響を与えないことを指摘する。デュルケムは、精神病理的要因、人種的遺伝的要因、宇宙的要因（天候など）とともに「模倣」を取りあげているが、これはタルドの名前こそあげられていないものの、彼の模倣論を念頭においたものだといってよい。

デュルケムはまず、「模倣」という言葉がさまざまな意味で用いられていて混乱を来たしているので、厳密な定義をするべきだと主張する。デュルケムによれば、「模倣」という言葉は、①同一の集団内の人々が互いに影響しあうこと、②慣習や流行に従うこと、に対して用いられているが、前者は何らかの前件を再現しているわけではなく、また後者は前件の再現ではあるが、義務や有益性として意識されたために再現されたものであるから、「模倣」と呼ぶべきではない。したがって、デュルケムによれば、③前件の再現であってそれが無意識に行われた場合のみを「模倣」と呼ぶべきだということになる。

とはいえ、このようなデュルケムの「模倣」概念は、「大方の人びとが再現の意志、そして知的操作を含ませている現今の語義からはかけ離れている」（ベナール一九九六 訳一六）のは明らかである。後で取りあげるように、タルド自身もデュルケムの模倣の定義を不当に狭いものとして不満を表明している。

(2) 模倣論に対する実証的批判

デュルケムは模倣によって自殺の広がりを説明することができないことを示すために、司法省提供のデータを用いて、郡ごとの自殺率の分布図を作成した。それによれば、パリやマルセイユ、ボルドーといった大都市よりもその周辺諸郡のほうが自殺率が多いことがわかる。したがって、「自殺はある中心点をめぐって多少とも同心円的に配されていて、そこから離れるにつれて漸減していく、というにはほど遠く、反対に、ほぼ同質的な（しかし「ほぼ」というにすぎないが）いっさいの中心的な核を欠いた大きな集塊としてあらわれている。したがって、こうした形状からはまったく模倣の影響はうかがわれない」(デュルケム 一八九七 訳一四七～五〇)ということになる。

とはいえベナールがいうように、このような反論は必ずしも適切とはいえない。自殺を伝染病のように罹患地域が移動していく現象としてとらえた場合には、ある時点において発生源よりも周辺部で自殺が多く見られたとしても不思議はなく、模倣論はデュルケムの作成した分布図と両立しうる。また、首都や大都市の影響を考えている時点で、デュルケムはみずからが定義した完全に無意識に行われる再現行為としての模倣ではなく、彼が模倣の定義からはずした流行への追従としての模倣を念頭においていることになる(ベナール 一九九六 訳一九～二一を参照)。

(3)『社会学的方法の規準』批判に対する反論(デュルケム)

第三編では「社会現象一般としての自殺について」と題して、第二編で自殺率などのデータから考察された自殺という現象の内実が論じられるが、そこでは前節で取りあげたタルドの『社会学的方法の規準』批判に対する応答が見られる。

デュルケムはパリのように住民の出入りが激しいところや、軍隊のように数年ですべて入れ替わってしまうところでも、自殺率はほぼ一定で推移することを示した。したがって、自殺率を一定にしている要因は個人からは独立したものであるはずだとデュルケムは考える。にもかかわらず、個人的要因を重視する論者はそうは考えない。デュルケムはタルドを引き合いに出して次のようにいう。

「ある者は、自殺率の連続的同一性そのものが個人の所産であり、したがって、社会現象に、個人生活にたいする一種の超越性を認めなくとも、この連続的同一性のゆえんについて説明しうるということに注意を喚起し、右の結論を回避できると考えていた。事実、こうのべている、『およそ社会的なものであれば、一片の言葉、宗教の一儀礼、仕事の一秘訣、芸術の一手法、法律の一条項、道徳の一格率もすべて、一個人である親、主人、友人、隣人、仲間から、別の個人へ伝達されていくことができる』と」（デュルケム　一八九七　訳三八六、引用部分は Tarde 1895b: 213）。

ここでのタルドの文章は直接的に自殺率について述べたものではないが、彼が自殺もまた個人から個人へと伝達されると考えていたと解釈することは可能だろう。このようなタルドの主張にデュルケムは満足できない。タルドの説は、単にこのような行為様式が人から人へと受け継がれていくということは説明できるが、その結果として前年とほぼ同じだけの回数で自殺が生じることは説明できない、とデュルルケムは考える。「かりに現存するものが個人だけならば、どうしてそんなこと〔＝自殺率が一定であること〕が起こりえようか。数というものは、それだけでは、なんら直接的な伝達の対象となりえない」（デュルケム 一八九七 訳三八七）。

こうして、タルドの説は退けられ、「個々の自殺の事例をすべてこえた、なにか非個人的原因の恒常的な作用」（デュルケム 一八九七 訳三八八）によるものと考えなければならないことになる。それは「われわれに作用をおよぼしている物理・化学的力と同じように、外部からわれわれに行動をうながしている力の全体」である（デュルケム 一八九七 訳三八九）。これはまさしく、デュルケムが『社会学的方法の規準』で示したような、ものとしての社会的事実であり、こうして自殺統計を検討することでその正当性が論証されたとデュルケムは考えている。

集合的な傾向は個人的な傾向にはない特徴をもっているという主張については、「社会のなかには個人しか存在しないのに、なぜそんなことが起こりうるのか」という反論がある。それに対してデュルケムは、生命をもたない原子が互いに結びつくことで生命をもつ細胞ができているのと同じように、個人が互いに結びつくことで、新しい事実すなわち社会的事実となると主張する（デュルケム 一八九七 訳三九〇を参照）。前節で取りあげたように、タルドはそれでもなお社会学の場合は例外であり、要素としての個人について内省によって知ることができるために、生物学のように要素について正確な知識を欠く科学と違って、要素に戻って説明することができると考えていた。しかしながらデュルケムによれば、現代の心理学においては人間精神の内奥を直観的に把握することはできず、間接的なアプローチを取ることで少しずつ明らかになっていくものであるから、内省によってそれを知ることができるとはいえない。また、タルドが個人的なものを取り除くと社会は何ものでもないとしている点については、デュルケムは「まったく恣意的」「論議のしようもない」と批判している（デュルケム　一八九七　訳三九一）。

(4)　タルドの反論

デュルケムの『自殺論』はさまざまな面においてタルドの模倣論を強く批判するものであったが、タルドは『社会心理学研究』（一八九八年）において「科学的な諸知識のうちでもっとも客観的なものである統計までもが、もっとも主観的な解釈に加担している」（Tarde 1898a: 161）と述べているだけで、具体的な反論は展開していない。しかし、彼は反論を用意していたようで、その草稿をまとめたものが二〇〇〇年に発表された。ここではそのすべてを取りあげることはできないが、模倣の定義と自殺類型という二つの論点について簡単に見ていくことにする。

タルドは、デュルケムによる模倣の定義について「模倣という言葉を非常に狭い意味で考えており」、仮にそのように考えるならば「多少なりとも知的な人々の社会において、模倣はほとんど重要性をもちえないのは明らかである」と批判する（Tarde 2000 : 224）。タルドの模倣概念は、一般に考えられているような意識的なものだけでなく、無意識的なものも含むものであり、彼がデュルケムのように無意識的なもののみを模倣と定義することに不満を抱いたことは容易に推察できる。

また、デュルケムの自殺の三類型のうち、集団の統合力が弱まり個人が孤立化することによって起こる自己本位的自殺と、集団の統合力があまりに強力になることによって起こる集団本位的自殺の区別については、集団の統合力がどれくらいであれば過大／過小であるといえるのか、その境界が明確ではないとタルドは批判する。また、集団本位的自殺とされる軍人の自己犠牲についても、非人格主義によるものではなく、むしろ名誉のような人格性を生物学的な生命よりも優先させた結果であるとタルドは考える。こうした点から、タルドは自己本位的自殺と集団本位的自殺の区別そのものにも疑問を呈しており、民間人の自殺と軍人の自殺が別の原因をもつと考えるべきではないと主張する（cf. Tarde 2000 : 238–243）。

四　まとめ

このほかに、両者の間では犯罪の正常性をめぐって論争が繰り広げられた。デュルケムが『社会学的方法の規準』において、犯罪を正常なものと見なしたのに対して、タルドは同年の論文「犯罪性と社会的健康」（一八九五年）において、犯罪を病理現象と見なし、またデュルケムの正常性をめぐる規準そのものの妥当性を疑問視している。両者はこの点についても同意することはなかったが、犯罪が社会学の対象となることは認めており、ともにロンブローゾ説の批判者となった。

さらに、タルドの死の前年である一九〇三年には、デュルケムとタルドの間で社会学と社会諸科学の関係をめぐって公開討論が行われた。そこでは、まず「模倣」のようなあらゆる社会現象に共通する「社会的なもの」を取り出すのが社会学であり、それを社会諸科学に応用するというタルドと、まずあらゆる社会諸科学の知見を集めてからでないと社会的なものについての科学は不可能であるというデュルケムの対立が浮き彫りとなった。

以上、デュルケムの主要著作において展開された議論を中心にしてタルドとデュルケムの論争を見てきた。基本的には、タルドは個人的なものに立ち戻って社会を説明しようとしているのに対して、デュルケムはまず社会に固有のものから考えるべきだと主張している。とはいえ、タルドは個人内の現象ではなく個人間の現象を考察すべきと考えており、デュルケムも個人の心理を完全に無視したわけではない。二人の社会学の方向性はまったく違っていたが、個人と社会の関係については、両者の主張は見かけほどは大きくないといえるだろう。

第七章

タルド社会学の受容と影響

一　忘れられた社会学者タルド

これまでの各章で見てきたとおり、タルドの模倣論は個人間の関係を社会の要素として考え、そこからそれぞれの社会現象を説明しようとする方法論的個人主義の立場であった。タルドは同様な立場の代表的人物とされるヴェーバーに先立っていただけでなく、ヴェーバーとしばしば対比されるデュルケムと直接論戦を戦わせておりライバルとしてみなされていた。学術的な地位から見ても、タルドはコレージュ・ド・フランス教授と学士院会員（道徳政治科学アカデミー）の地位を占めており、当時のフランスにおいてもっとも有力な社会学者のひとりであった。

しかしながら、ヴェーバーやデュルケムがその後のさまざまな研究に応用されて

米田庄太郎（一八七三〜一九四五）
日本の社会学者。ギディングスやタルドのもとで学ぶ。京都帝国大学の初代社会学講座担当者となった

現代の社会学の理論的基礎となったのに対して、タルドの模倣論はそうした意味での「古典」とはならなかった。フランスにおいては、デュルケム学派が勢力を増す一方で、タルドの学説を積極的に受け継いだ人物は少なく、著作の刊行も一九二〇年代を最後に長い間再刊されなかった。英語圏においては『社会法則』（*Social Laws*, 1899）、『模倣の法則』（*Laws of Imitation*, 1903）、『地底人』（*Underground Man*, 1905＝『未来史の断片』）、『刑事哲学』（*Penal Philosophy*, 1912）が翻訳されたものの、タルド社会学への関心は長続きしなかった。一方、わが国においては、フランスで直接彼の講義に参加した米田庄太郎が、講義や著書においてタルドを取りあげるなど比較的影響力が残ることになった。一九二三年に『社会法則』（*Les lois sociales*）の訳が相次いで刊行され（長岡保太郎訳『タルド社会法則論』／風早八十二訳『タルドの社会学原理』）、一九二四年には主著『模倣の法則』（風早八十二訳、第六章までの部分訳）が、一九二五年には『未来史の断片』（田邊壽利訳）が、一九二八年には『輿論と群集』（赤坂静也訳）が、一九四三年に『社会法則』（小林珍雄訳）が、それぞれ刊行された。

ところが、その後タルドの理論は急速に忘れ去られたように思われる。実際には、後で取りあげるようにタルドに関する研究がまったくなくなったわけではないのだが、少なくとも彼の同時代人であるデュルケムやジンメルと比べると、その登場頻

度は格段に低くなった。特に、『世論と群集』の新訳に付された訳者稲葉三千男の解説は次のような文章ではじまっており、タルドが完全に忘却された人間であることが強調されている。

> 「タルドは『過去』の人間である。こういっただけではあたりまえすぎて、まさしく non-sense である。一八四三年に生まれて一九〇四年に死んだジャン＝ガブリエル・タルドは、たしかに『過去』の人間である。けれどもこの一句に、デュルケームは『現在完了』の人間だけれども、とつけくわえると、なにがなしもの悲しさが湧いてくる。といったら感傷にすぎるだろうか。〔……〕最近のフランス社会学界を代表すると目されるギュルヴィッチにしても、デュルケームとは批判を介して通じながらも、タルドとは理論的に無縁である。アメリカにおいても、デュルケームの理論的影響は、パーソンズらに色濃く存続しているけれども、タルドの名が登場することは〔……〕ごく稀である。タルドの名は、『公衆』概念の設定者として記憶されつづけるかもしれない。が、それだけである、といっては過言だろうか」（稲葉［一九六二］一九八九　二二九～三〇）。

このような評価はもちろん一面の真理を含んでおり、「近年、社会学史のテキストの中にはタルドを取りあげない著書もある」（夏刈 二〇〇八 二〇九）という事実が、それを裏づけている。しかしながら、この忘却はデュルケムらと比較したうえでの相対的なものであるということを忘れてはならないだろう。実際、フランスにおいてもわが国においても、タルドについてさまざまな研究が断続的になされてきた。本章ではタルドの社会学が、彼の生前から没後、そして現代に至るまでどのように受け入れられ、どのような影響を今日の社会学に残したかを検討することにしたい。まずは学説史としての領域として、タルドの生前からおおむね一九五〇年代ごろまでの時期について、タルドの母国であるフランス、社会学の世界的な中心地であるアメリカ、そしてわが国という順で見ていくことにする（もちろんこれ以外の国において影響がなかったわけではない）。最後に、一九六〇年代以降現在まで続いているタルドの再評価について簡単に見ていくことにしよう。

二　タルド理論の受容

(1)　フランス

タルドが晩年に教授職を務めたコレージュ・ド・フランスは、一般の大学とは違い、履修登録をした学生が受講するわけではなく、広く一般に開放された公開講座の形式をとっていた。したがって、ボルドー大学やパリ大学の教壇に立っていたデュルケムと比べると、弟子の養成という点においてはやや不利な面があったといわれている。しかしながら、学会活動や専門誌上における討論、あるいは個人的な交流などによって影響を受けた人物がいないわけではない。ここでは、もともとタルドとは異なった考えをもっていたにもかかわらず、後にタルドの考えに近づいた論者を取りあげることにしよう。

まず、社会有機体論者であったルネ・ウォルムスについて見てみよう。彼は一八九三年に世界中の社会科学者に呼びかけて、おそらく世界初と考えられる国際的な社会学会を創設し（国際社会学協会）、社会学の国際誌を創刊した（『国際社会学評論』）。この活動に対しては、タルドをはじめ、ドイツのフェルディナント・テンニエスやイギリスのスペンサー、アメリカのレスター・F・ウォードなど多くの社会学者、社会科学者が参加した。ただし、この集まりは特定の主義主張に基づいた集団というよりは雑多な寄せ集めという性格が強かった（したがって社会学の専門性にこだわったデュルケム学派は参加していない）。一方、有機体論者としてのウォルムスは、一八九六年に『有機体と社会』という文学博士論文を書いているが、それは「心理学を軽視している」と評されたほど、タルドのような心理学的な立場からはかけ離れたものであった。しかし、みずからが創設した学会の場においてその

フェルディナント・テンニエス（Ferdinand Tönnies, 1855-1936）
ドイツの社会学者。『ゲマインシャフトとゲゼルシャフト』（一八八七年）で知られる。

レスター・F・ウォード（Lester F. Ward,

1841-1913)
アメリカの社会学者。

ガストン・リシャール(Gaston Richard, 1860-1945)
フランスの社会学者。

社会有機体論についてタルドや他の論者から激しい批判を受けることで、ウォルムスはより心理学的な立場を受け入れるようになる。ある論者によれば、「彼〔＝ウォルムス〕はとりわけ、タルドの批判に影響されたように思われる。それによって彼はまさしく宗旨替えをすることになった」という（Essertier 1930 : 233）。

次に、ガストン・リシャールを見てみよう。彼はもともとデュルケムとともに、彼が創刊した雑誌『社会学年報』において犯罪社会学部門の書評を担当しており、デュルケムがパリ大学に赴任するためにボルドー大学を去った後の後任を務めた人物である。リシャールは、タルドの専門領域でもある犯罪社会学を担当していたことから、しばしばタルドの著作の書評も担当しており、タルドからも高く評価されていた（ベナール 一九九六 訳二五）。そのうえ、リシャールはしばしばタルドの心理学的立場を認めるようなコメントをしており、たとえば『社会学年報』第一巻に掲載されたデュルケムの『自殺論』の書評においては、「どんな人でも、彼が平均人以上に模倣的でないならば自殺はしないのである」（Richard 1898 : 406）と述べて模倣論の意義を認めている。しかも彼は、一九〇七年を最後にデュルケムの『社会学年報』への協力を中止し、一九二六年にウォルムスが亡くなると『国際社会学評論』の編集長と国際社会学協会の事務局長を引き継いでいる。

さらに、タルドと同じく近年再評価されつつあるジョルジュ・パラントも、タルドのように社会の心理学的説明に理解を示していた。彼の著書『社会学概論』（一九〇一年、邦訳『個人主義社会学』一九七八年）においては、「模倣およびそれに関する法則」（第四章）「社会的同化と分化の二法則の対立」（第五章）、「社会的適応と進歩」（第六章）などタルドの模倣論の影響が明らかに見て取れる。

(2)　アメリカ

アメリカ社会学における古典的業績を見てみると、たとえばジョージ・H・ミードやチャールズ・H・クーリーのように人々の相互作用に着目した社会心理学的な理論がよく知られている。彼らは、確かにタルドの模倣論を取りあげているが、彼らの理論形成においてタルドの議論がどれだけ影響力をもったのかははっきりしない。むしろ、タルドの影響は、草創期の心理学的社会学においてはっきりと読み取ることができる。その代表的な人物として、ここではフランクリン・H・ギディングスと、エドワード・A・ロスを取りあげることにしたい。

ギディングスはコロンビア大学における初の社会学講座担当教授を務めた人物である。ここでは彼の著書『社会学原理』（一八九六年）において展開された「同類意識」（consciousness of kind）についての議論を見ていくことにしよう。ギディングスは社会現象を特徴づける要素とは何かと問いかける。タルドの「模倣」も検討の

ジョルジュ・パラント (Georges Palante, 1862-1925)
フランスの哲学者。

ジョージ・H・ミード (George H. Mead, 1863-1931)
アメリカの哲学者、社会学者。

チャールズ・H・クーリー (Charles H. Cooley, 1864-1929)
アメリカの社会学者。

フランクリン・H・ギディングス(Franklin H. Giddings, 1855-1931)
アメリカの社会学者。タルドと同じく

心理学的社会学の立場をとった**エドワード・A・ロス（Edward A. Ross, 1866-1951）**　アメリカの社会学者。

対象とされたが、彼はあらゆる模倣が社会的であるとはいえないとして、さらに別の要素がないかどうかを検討する。そしてギディングスは、「同類意識」こそが社会のもっとも根本的な要素であることを見いだす。同類意識とは「生命の段階が高いか低いかにかかわらず、すべての生命体が別の意識的存在を自分と同一種として認識するような意識状態」（ギディングス 一八九六 訳三八）である。したがって、ギディングスの立場もタルドと同じように、個人間の精神的な作用を社会の要素として考えるものであった。さらにギディングスは『模倣の法則』の英訳の刊行に尽力し、みずから序文を寄せている。またタルド自身もギディングスの理論にはみずからの学説からの影響が見られると認識していた（Tarde 1898a: 287）。このことから、タルドとギディングスが密接な関係にあったことがわかる。

次にロスの議論を見てみよう。ロスは一九〇八年に刊行された『社会心理学』において「慣習模倣」や「流行模倣」についての章を設けており、タルドの用語法からの影響が強く見られる。ロス自身も序文において次のように述べ、タルドから多くの示唆を受けたことを率直に認めている。

「本書の刊行にあたっては、天才ガブリエル・タルドに心から敬意を表しておきたい。文中では彼にしかるべき賞賛を与えるように努力したつもりであるが、

ロバート・E・パーク（Robert E. Park, 1864-1944）
アメリカの社会学者。シカゴ大学の都市社会学研究の中心人物であり、集合行動論の先駆者でもある。

エドウィン・H・サザランド（Edwin H. Sutherland, 1883-1950）
アメリカの社会学者、犯罪学者。

どれだけ豊富に引用を重ねたとしても、この深遠で独創的な思想家に対する私の恩義を十分に表現することはできない」(Ross, 1908 : viii)。

その後のアメリカ社会学においては、シカゴ学派都市社会学の代表者のひとりロバート・E・パークの集合行動論や、犯罪行動が他者との相互作用によって学習されるという主張を含む「分化的接触理論」を唱えたエドウィン・H・サザランドの所説にタルドの影響が見られる。

(3) 日　本

わが国においては、米田庄太郎において、タルドの学説の影響が強く見られる。米田は一八九五年にアメリカに留学し、一九〇〇年までニューヨークのコロンビア大学でギディングスの指導を受けた。彼は、タルドがコレージュ・ド・フランスで講義を始めた一九〇〇年三月にパリに渡り、一九〇一年一二月に帰国するまでタルドやベルクソンなどの講義を受講したものと思われる。その間にタルドが行った講義のテーマは「精神間心理学」「経済心理学」「道徳の変容」といったものであった。

米田の社会学体系は、社会を抽象的に理論的に考える「純正社会学」と、より具体的な方面から考える「総合社会学」、そして社会をどのように認識するかという

高田保馬（一八八三～一九七二） 日本の社会学者、経済学者。

方法論について考える「組織社会学（指導社会学）」に分けられるが、ここでは最初の二つの部門について考えてみよう。まず、純正社会学については、社会現象の根本的で無限小の要因を探るものであり、その要因とは「心と心の相互関係あるいは相互作用」（米田　一九一三　二七〇）であると考えた。このような見解は、個人間で交わされる精神間の作用を基礎においたタルドの主張に重なるものである。また、具体的な問題について扱う総合社会学については、米田は労働問題や宗教など当時のわが国において重要な社会問題とされていたテーマのほか、タルドが取り組んだ犯罪や群集、経済心理などを取りあげている。ただし、タルドが比較的抽象的な水準で議論することが多かったのに対して、米田は現在進行中の社会問題についてより具体的な提言を行うことが多かった。たとえば、『現代性慾生活問題』（一九一八年）、『現代文化人の心理』（一九二一年）、『現代智識階級運動と成金とデモクラシー』（一九二一年）、『恋愛と人間愛』（一九二三年）というように、現代のわれわれにとっても興味をひくようなテーマの著書を多数刊行していることは米田の独自の視点として注目に値する。

米田の弟子たちにおいても、タルドの影響は多少残っている。たとえば、高田保馬は、『社会学概論』（一九二二年）において、社会の本質を結合としてとらえ、結合をもたらすものとして群居の欲望と協働をあげたが、その他の重要な結合的因子

新明正道（一八九八〜一九八四）
日本の社会学者。

として家族的欲望と模倣をあげている。また、高田は『勢力論』（一九五九年）において、「服従せらるる能力」としての社会的勢力（power, Macht, pouvoir）について論じているが、ここでも他の多くの論者とともにタルドが『権力の変容』（一八九九年）で展開した権力論を取りあげている。このテーマについての文献がそれほど多くはなかったなかで、タルドの議論は高田が独自の理論をつくり上げるための道具立てを提供したといえよう。高田は冒頭の自序において「私は階級の本質を求めて勢力の差等にありとした。この平凡自明の直観すらも、文献を求めて、ガブリエル・タルドの講演（学会討論に於ける発言—多分今世紀のはじめ）にのみ知ることができた」と述べている（高田 一九五九 自序二）。

また、わが国においては、『世論と群集』が比較的早い時期に翻訳されたこともあり、タルドの公衆論が広く知られるようになる。しかしタルドの「公衆」はル・ボンが論じた「群集」との対比でとらえられ、タルドが公衆の合理性については多くの留保をつけていたにもかかわらず、理性的な判断のできる主体として想定されたものと考えられた。このような見解は、すでに新明正道の『群集社会学』（一九二九年）において現われている。新明は、組織されていない集合体のうちで成員が直接的に接触しているものを群集、間接的に接触しているものを公衆として区別するタルドの公衆論を批判する。「私は、群集をあくまで『一つの心の状態』として、これが実現されている場合には、それが直接的な場合であれまたは間接的な場合であれ、みな群集であると観念したいのである」（新明［一九二九］一九九三 二六〜二七）。この「心の状態」とは、「反社会的な群集の特徴」（新明［一九二九］一九九三 二七）であるという。つまり、「公衆」と呼ばれるようなメディアでつながっている集合体においても、群集のように興奮したり、反社会的な行動を引き起こしたりすることがあるが、この場合は「公衆」と呼ばずに「群集」と呼ぶべきだというのである。ただし、後に新明はこのような呼称の区別を撤回し、タルドと同じく直接的接触に基づくものを「群集」、間接的接触に基づくものを「公衆」と規定すべきだと述べている（新明［一九五四］一九九三 二一八を参照）。

清水幾太郎（一九〇七〜一九八八）
日本の社会学者。

公衆を合理的存在とする見解は、清水幾太郎においてより明確に現われている。清水は『社会心理学』（一九五一年）において、「目覚めた理性による分析と批判とが公衆に固有のものである」（清水 一九五一 一四）と述べ、ル・ボンの群集の非合理的な特性と対比して公衆がより合理的なものであると指摘している。確かに清水はタルドが真の理性や創意を集団ではなく孤立した個人に求めていたことを指摘しているが、それでも公衆においては不完全ながらも個人が個人として振る舞う余地が残されており、その点で公衆論は、群集論において提起されたような絶望を乗り越え、人々に希望を与えるものであったとする。「公衆の観念が作り出されることによって、民主主義は、ル・ボンの加えた打撃から漸く立ち直る機会を掴んだのである。〔……〕民主主義を擁護しようと欲する人々が、タルドの指した道に従って、民主主義の基礎に群集の代りに公衆を据えようと試みたのは自然の成行であったに違いない」（清水 一九五一 一六）。しかしながら、今日では公衆はこのような理性を発揮できる状態ではないと清水はいう。家族の弱体化やコピーの氾濫、機械化の進展などによって、支配する官僚機構の側からの合理化は進んだものの、管理される側にいる多くの人々にとっては全体を構成する一部品に成り下がることになる。清水はこのような状況を「新しい群集或は大衆」と表現し、それは「タルド以来の公衆の観念の、謂わば自己否定として生まれたもの」であるとする（清水 一九五一 一三九）。社会における合理性の追求そのものによって公衆の合理性が掘り崩され、現代はむしろ大衆社会と呼ばれるべきものになると清水は考えていた。

清水の指摘は当時の日本社会に対する説明としては正当なものであったといえるかもしれないが、タルドの公衆の解釈に関していえば、その合理的側面を過度に強調したものであったといわざるをえない。とはいえ、清水は社会学や社会心理学の分野では非常によく読まれた人物であり、公衆を比較的合理的な存在としてとらえる清水のタルド解釈はその後のわが国におけるタルドのイメージを決定づけるのに大いに影響したと考えられる。

三　現代におけるタルド

二〇世紀後半以降においては、学説史研究を除いてタルドの名前はあまり取りあげられなくなったが、フランスではレイモン・ブードンの方法論的個人主義の考え方においてタルドの影響が見られる。ブードン自身はむしろこの発想をヴェーバーの行為論から得ており、タルドの模倣論については「独断論」であると批判しているのであるが（cf. Boudon 1964）、司法官の意思決定モデルを検討した初期の論文においては、タルドが『比較犯罪論』において論じた犯罪統計についての議論に依拠しており、これが方法論的個人主義というテーマを取りあげるための出発点になったということを明らかにしている（cf. Boudon et Leroux 2000）。また、タルド思想全体の研究としては、哲学者ジャン・ミレ（Jean Milet）の『ガブリエル・タルドと歴史哲学』（一九七〇年）がよく知られている。そこでミレはタルドの理論を哲学的、心理学的、社会学的、経済学的側面から検討し、一方でタルド家が所有する未公開資料を用いて、タルドの生涯と業績を丹念に追っている。近年では、イタリアのマッシモ・ボルランディ（Massimo Borlandi）が同じくタルド家所蔵資料を用い

レイモン・ブードン（Raymond Boudon）
フランスの社会学者。数理社会学的な手法を用いてフランスにおける社会問題を考察する。

て、デュルケムとの論争や犯罪学のイタリア実証学派との関係について詳細に検討し、多くの未発表資料の内容を公表している。犯罪学についての学説史的な考察としては、他に歴史学者のマルク・レンヌヴィル（Marc Renneville）やロラン・ミュキエリ（Laurent Mucchielli）の研究も知られている。特にミュキエリは犯罪学だけでなく、一九世紀末の人文科学の流れのなかでタルドの社会学理論を位置づけようとしており、そこでは現代におけるタルド再評価の動きが批判的に検討されている。ミュキエリによる批判の対象となったのは、上記のブードンやミレのほか、科学社会学者として知られているフランスの社会学者ブリュノ・ラトゥール（Bruno Latour）、やタルドを高く評価していたといわれるドゥルーズとその弟子たちである。ドゥルーズは『差異と反復』（一九六八年）やフェリックス・ガタリとの共著『千のプラトー』（一九八〇年）においてタルドを取りあげており、近年におけるタルド再評価に大きな影響を与えている。フランスにおけるタルド著作集の刊行において中心的な役割を果たしているエリック・アリエズ（Éric Alliez）やラッツァラートらは、ドゥルーズの教えを受けた人物である。

アメリカにおいては、コミュニケーション論の研究者であるエヴェレット・M・ロジャーズの『イノヴェーションの普及』（初版は一九六二年）において、技術革新の普及についての初期社会学における先駆者としてタルドの模倣論が取りあげられ

フェリックス・ガタリ（Félix Guattari, 1930-1992）
フランスの精神分析家、哲学者。

エヴェレット・M・ロジャーズ（Everett M. Rogers, 1931-2004）
アメリカのコミュニケーション論研究者。

ポール・F・ラザースフェルト（Paul F. Lazarsfeld, 1901-1976）
オーストリア出身のアメリカの社会学者。

ていることが注目される。また、タルドの学説研究としては、テリー・N・クラーク（Terry N. Clark）による詳細な解説を含むタルドの著作の英文抄訳『ガブリエル・タルド――コミュニケーションと社会的影響について』（一九六九年）がよく知られている。近年では、ポール・F・ラザースフェルトとともに「コミュニケーションの二段の流れ」モデルを唱えたエリユ・カッツ（Elihu Katz）が、マス・コミュニケーション論の先駆者としてタルドを再評価しようとしている。

わが国では兒玉幹夫が一九五〇年代から現代にいたるまで、タルドの権力論や公衆論、模倣論などについて論考を発表しており、そのうちの一部はフランス社会学史に関する著書に収められている（兒玉 一九九六）。そのほか、タルドの再評価のさきがけとなった横山滋の著作や（横山 一九九一）、近年の夏刈康男によるタルドの生活史研究（夏刈 二〇〇八）もわが国のタルド受容史において重要な位置を占めることになるだろう。

コミュニケーションの二段の流れ
マス・メディアは受け手に直接的に働きかけるのではなく、受け手が属する小集団内において影響力を持つオピニオン・リーダーと呼ばれる人々を介して間接的に働きかけるので、その影響力は限定的なものにとどまると考える説。

おわりに

本書においては、タルドの社会学理論の射程について、まずは模倣論のような理論的な原理から説明し（第二章、第三章）、ついで犯罪やメディアのような応用分野の研究について検討し（第四章、第五章）、最後にタルドの学説がどのように受け取られてきたかという受容の問題について、まずは同時代の非常に有名な社会学者であるデュルケムとの論争について（第六章）、ついで現代にいたるまでの受容について概観した（第七章）。こうしたタルド社会学についての個別論点に先立って、どうして模倣について問題にするのか、またどうしていったん忘れ去られたと考えられた古典を再びもち出すのかという点について説明した（第一章）。もちろん、これで哲学や周辺の社会科学を含むタルド思想の全体像が明らかになったわけではないし、タルドの社会学理論に限ってもまだ十分に解説したとはいえない。本書で取りあげることのできなかった論点については、別の機会に取りあつかうことにしたい。タルドに関しては少し前までは日本語で読める資料があまり多くなかったが、現在ではタルドについての関心が高くなってきたせいもあってかなり増えてきている。その一部は巻末の参考文献表にあげてあるので、興味のある方はぜひひとも参照していただきたい。

われわれが生きている二一世紀の日本社会とタルドが活躍した一九世紀後半のフランス社会とは、かかえている問題も違うため、タルドの社会学理論がそのままのかたちで現代社会の問題を説明できるわけではない。しかしながら、「模倣」という概念は、現代社会を考えるうえで依然として大きなヒントを与えてくれる。情報化の進展とともに、文字データだけでなく画像や音声、動画などさまざまなものが「1」か「0」という数値データに変換され、大量に複製され、一瞬のうちに伝達される時代になった。このような時代において、模倣（コピー）はどのような役割を果たすのか、その功罪について、われわれはタルドの議論を乗り越えるかたちで考えていかなければならないだろう。

本書の執筆にあたっては、田中千津子社長をはじめ学文社のみなさまに大変お世話になった。ここで感謝するとともに、執筆が大幅に遅れて多大なご迷惑をおかけしたことをおわびしたい。

二〇〇八年一二月

池田　祥英

〈参考文献〉

邦訳のあるものについては（　　）に書誌情報を示し、邦訳のないものについては［　　］にタイトルの訳を示した。なお、引用にあたり訳語を変更した箇所がある。

Besnard, Ph., 1995, Des *Règles* au *Suicide* : Durkheim critique de Tarde, *in* Massimo Borlandi et Laurent Mucchielli (éds.), *La Sociologie et sa méthode. Les* Règles *de Durkheim un siècle après*, L'Harmattan, 221-43.（＝一九九六　佐々木交賢訳「『社会学的方法の規準』から『自殺論』に至るデュルケームのタルド批判」佐々木交賢編『デュルケーム再考』恒星社厚生閣　一〜三三頁）

Boudon, R., [1964] 2000, Gabriel Tarde : La connexion micro-macro, *in* Raymond Boudon, *Études sur les sociologues classiques II*, Puf, 247-72.［ガブリエル・タルド――ミクロ＝マクロ・リンク］

Boudon, R. et Leroux, R., 2000, *Y a-t-il encore une sociologie?*, Odile Jacob.［まだ社会学は存在するか？］

Durkheim, É., 1893, *De la Division du travail social*, Alcan.（＝一九七一　田原音和訳『社会分業論』青木書店）

Durkheim, É., 1895, *Les Règles de la méthode sociologique*, Alcan.（＝一九七八　宮島喬訳『社会学的方法の規準』岩波書店）

Durkheim, É., 1897, *Le Suicide : Étude de sociologie*, Alcan.（＝一九八五　宮島喬訳『自殺論』中央公論社）

Essertier, D., 1930, *Philosophes et savants français du XXe siècle. Extraits et notices V : La sociologie*, Alcan.〔二〇世紀フランスの哲学者と学者、抜粋と注釈その五——社会学〕

Giddings, F. H., 1896, *The Principles of Sociology : An Analysis of the Phenomena of Association and of Social Organization*, Macmillan.（＝一九二九　内山賢次訳『社会学原理』春秋社）

稲葉三千男［一九六二］一九八九「ガブリエル・タルド——その著『世論と群集』を中心にして」タルド・G『世論と群集』未來社　二二九〜六二頁

児玉幹夫　一九九六『〈社会的なもの〉の探求——フランス社会学の思想と方法』白桃書房

Lazzarato, M., 2004, *La politica dell'evento*, Rubbettino.（＝二〇〇八　村澤真保呂・中倉智徳訳『出来事のポリティクス——知‐政治と新たな協働』洛北出版）

Le Bon, G., 1895, *Psychologie des foules*, Alcan.（＝一九九三　櫻井成夫訳『群衆心理』講談社）

Lombroso, C., 1885, La fusion de la folie morale et du criminel-né : Réponse à M. Tarde, *Revue philosophique*, 20, 178–81.〔道徳的狂気と生来性犯罪者の融合——タルド氏への回答〕

Milet, J., 1970, *Gabriel Tarde et la philosophie de l'histoire*, Vrin.〔ガブリエル・タルドと歴史哲学〕

Mucchielli, L., 1998, *La Découverte du social. Naissance de la sociologie en France*

(1870-1914), La Découverte. [社会的なものの発見――フランスにおける社会学の誕生]

Mucchielli, L., 2000, Tardomania? : Réflexions sur les usages contemporains de Tarde, *Revue d'Histoire des Sciences Humaines*, 3, 161-84.

夏刈康男 二〇〇八『タルドとデュルケム――社会学者へのパルクール』学文社

小倉孝誠 二〇〇〇『近代フランスの事件簿――犯罪・文学・社会』淡交社

Palante, G., 1901, *Précis de sociologie*, Alcan.（＝一九七八 久木哲・村田美奈子訳『個人主義社会学』パラント著作刊行会）

Richard, G., 1898, Compte rendu du *Suicide*, *Année sociologique*, 1, 397-406. [『自殺論』書評]

Ross, E. A. 1908, *Social Psychology : An Outline and Source Book*, Macmillan.（＝一九一七 高部勝太郎訳『ロッス社会心理学』磯部甲陽堂）

清水幾太郎 一九五一『社会心理学』岩波書店

新明正道 一九九三『新明正道著作集第九巻――群集社会学』誠信書房

鈴木泉 二〇〇三「哲学と社会学の幸福な闘争――タルドという奇跡についての一考察」『社会学雑誌』（神戸大学社会学研究会）第二〇号 九五～一一〇頁

高田保馬 一九五九『勢力論』有斐閣

高田保馬 ［一九二二］一九七一『社会学概論』岩波書店

田中淳・土屋淳二 二〇〇三『集合行動の社会心理学――ニューセンチュリー社会心理学2』北樹出版

Tarde, G., 1880, La croyance et le désir : la possibilité de leur mesure, *Revue philosophique*, 10, 150–80 ; 264–83.［信念と欲求――その測定可能性］（1895b に収録）

Tarde, G., 1886, *La Criminalité comparée*, Alcan.［比較犯罪論］

Tarde, G., 1890a, *Les Lois de l'imitation : Étude sociologique*, Alcan (2e éd., 1895).（＝二〇〇七　池田祥英・村澤真保呂訳『模倣の法則』河出書房新社）

Tarde, G., 1890b, *La Philosophie pénale*, Storck et Masson/Maloine.［刑事哲学］

Tarde, G., 1893a, Questions sociales, *Revue philosophique*, 35, 618–38.［社会的諸問題］（1895a に収録）

Tarde, G., 1893b, Les monades et la science sociale, *Revue internationale de sociologie*, 1, 157–73 ; 231–46.［モナドと社会科学］（加筆修正のうえ《Monadologie et sociologie》と改題されて 1895a に収録、村澤・信友訳『社会法則／モナド論と社会学』に収録）

Tarde, G., 1895a, *Essais et mélanges sociologiques*, Storck et Masson/Maloine.［社会学試論集］

Tarde, G., 1895b, La sociologie élémentaire, *Annales de l'Institut international de sociologie*, 1, 209–42.［要素的社会学］（《Les deux éléments de la sociologie》と改題されて 1898a に収録）

Tarde, G., 1898a *Études de psychologie sociale*, Giard et Brière.［社会心理学研究］

Tarde, G., 1898b, *Les Lois sociales : Esquisse d'une sociologie*, Alcan.（＝二〇〇八

村澤真保呂・信友建志訳『社会法則／モナド論と社会学』河出書房新社）
Tarde, G., 1901a, *L'Opinion et la foule*, Alcan.（＝一九八九　稲葉三千男訳『世論と群集』未來社）
Tarde, G., 1901b, La réalité sociale, *Revue philosophique*, 52, 457–77.［社会的実在］
Tarde, G., 1903, Inter-psychologie, *Bulletin de l'Institut général psychologique*, 3, 91–118.［心間心理学］
Tarde, G., 1909, *Gabriel Tarde : Introduction et pages choisies par ses fils. Préface de H. Bergson*, Michaud.［ガブリエル・タルド――息子による序論と選集・ベルクソンの序文］
Tarde, G., 2000, Contre Durkheim à propos de son *Suicide*, *in* M. Borlandi et M. Cherkaoui (éds.), Le Suicide *un siècle après Durkheim*, Puf, 219–55.［デュルケム『自殺論』に反対する］
横山滋　一九九一『模倣の社会学』丸善
米田庄太郎　一九一三「社会学論（一）」『日本社会学院年報』第一巻（第一、二合冊）二四七～七二頁

早稲田社会学ブックレット出版企画について

社会主義思想を背景に社会再組織化を目指す学問の場として一九〇三年に結成された早稲田社会学会は、戦時統制下で衰退を余儀なくされる。戦後日本の復興期に新たに自由な気風のもとで「早大社会学会」が設立され、戦後日本社会学の発展に貢献すべく希望をもってその活動を開始した。爾来、同学会は、戦後の急激な社会変動を経験するなかで、地道な実証研究、社会学理論研究の両面において、早稲田大学をはじめ多くの大学で活躍する社会学者を多数輩出してきた。一九九〇年に、門戸を広げるべく、改めて「早稲田社会学会」という名称のもとに再組織されるが、その歴史は戦後に限定しても悠に半世紀を超える。

新世紀に入りほぼ十年を迎えようとする今日、社会の液状化、個人化、グローバリゼーションなど、社会の存立条件や社会学それ自体の枠組みについての根底からの問い直しを迫る事態が生じている一方、地道なデータ収集と分析に基づきつつ豊かな社会学的想像力を必要とする理論化作業、社会問題へのより実践的なかかわりへの要請も強まっている。早稲田社会学ブックレットは、意欲的な取り組みを続ける早稲田社会学会の会員が中心となり、以上のような今日の社会学の現状と背景を見据え、「社会学のポテンシャル」「現代社会学のトピックス」「社会調査のリテラシー」の三つを柱として、今日の社会学についての斬新な視点を提示しつつ、社会学的なものの見方と研究方法、今後の課題などについて実践的な視点からわかりやすく解説することを目指すシリーズとして企画された。多くの大学生、行政、一般の人びとに広く読んでいただけるものとなることを念じている。

二〇〇八年二月一〇日

早稲田社会学ブックレット編集委員会

池田祥英（いけだよしふさ）

一九七三年埼玉生まれ。現職：早稲田大学文学学術院非常勤講師　早稲田大学第一文学部哲学科社会学専修卒業、ボルドー第二大学大学院DEA課程修了、早稲田大学大学院文学研究科博士後期課程単位取得退学

専攻：社会学史・犯罪学

主な著書

『フランス社会学理論への挑戦：日仏社会学叢書第二巻』（共著）恒星社厚生閣、二〇〇五、タルド著『模倣の法則』（共訳）河出書房新社、二〇〇七、『現代人の社会とこころ』（共著）弘文堂、二〇〇九、『メディア・情報・消費社会（社会学ベーシックス6）』（共著）世界思想社、近刊など